Christoph Türcke

# Nietzsches Vernunftpassion

Christoph Türcke

# Nietzsches Vernunftpassion

## Aufsätze und Reden

zuKlampen!

www.zuklampen.de

Umschlaggestaltung: GROOTHUIS. GESELLSCHAFT DER IDEEN UND PASSIONEN MBH
für Kommunikation, Marketing und Gestaltung
Satz: Germano Wallmann · Gronau · www.geisterwort.de
Druck: Bookfactory Buchproduktion GmbH · Bad Münder

ISBN 978-3-86674-552-0

*Bibliografische Information der Deutschen Nationalbibliothek*
Die Deutsche Nationalbibliothek verzeichnet diese Publikation in der Deutschen Nationalbibliografie; detaillierte bibliografische Daten sind im Internet über <http://dnb.dnb.de> abrufbar.

# Inhalt

# Vorwort

Friedrich Nietzsche ist etwas gelungen, was den wenigsten beschieden ist und niemand erzwingen kann: Er hat den Grundton seiner Epoche angeschlagen. Er hat in Menschen verschiedenster Herkunft, Tätigkeit und geistiger Orientierung eine Saite zum Klingen gebracht; bei Philosophen, Philologen, Historikern, Pädagogen, Psychologen, Medizinern, Künstlern; bei Demokraten, Sozialisten, Faschisten, bei Konservativen und Revolutionären, bei Gläubigen und Ungläubigen. Und der Grundton darf ebenso als der Mißton seiner Epoche erachtet werden. Es haben sich davon mindestens ebenso viele abgestoßen wie angezogen gefühlt.

Bis heute ist Nietzsche eine der umstrittensten Figuren: ein jung erkrankter Universitätsprofessor, der unfähig war, seinen Beruf auszuüben, aber ständig auf strapaziösen Reisen, auf der Suche nach dem idealen Ort, wo er das Klima aushalten konnte und die Landschaft seinen Gedanken entsprach – insofern wiederum von rätselhafter Robustheit. Als Philologe war er gescheitert, als Philosoph zu aphoristisch, als Musiker zu dilettantisch, als Dichter zu hermetisch. Und doch griff all dies Ungenügende auch ineinander. Nietzsches Prosa ist ebenso musikalisch und poetisch wie seine Poesie philosophisch und seine Philosophie idiosynkratisch. Man kann seine Schriftstellerei auf keinen gemeinsamen Nenner bringen – und erst recht nicht seine Person.

Mythologisch ausgedrückt: Nietzsche ist ein moderner Proteus. Proteus ist der griechische Gott, den man nicht zu fassen bekommt, weil seine Besonderheit darin besteht, sich blitzartig in verschiedenste Gestalten zu verwandeln. Nur Odysseus soll es einmal durch eine List geschafft haben, ihn in seiner eigenen Gestalt beim Schlafittchen zu packen. Wo aber ist Nietzsches eigene Gestalt? Kein moderner Odysseus wird ihrer habhaft. Er ist ein perfekter Proteus, der bei kleinstem Beleuchtungswechsel ein anderes Aussehen gewinnt. Aber gerade darin ist er unverwechselbar. Sein Ton ist unverkennbar. Er läßt jeden Satz bekenntnishaft zittern – auch wo er bloß Abgründe öffnet. Seine bildgesättigte Sprache hat eine bis dato unbekannte Anschaulichkeit und Plastizität ins philosophische Denken gebracht und den physiologischen Boden kenntlich gemacht, aus dem die

Dämpfe der gedanklichen Abstraktion aufsteigen. Dies alles geschieht um größtmöglicher Klarheit willen. Nietzsche will ja gar kein Proteus sein. Er will Identität. Er sucht sie mit jeder seiner geschliffenen, funkelnden Formulierungen. »Ich vertrage nichts Zweideutiges«[1], hat er einmal gesagt. Und eben deshalb hat er sich selbst nicht ertragen – die Intensität eines Fühlens und Denkens, die jedes Gefühl und jeden Gedanken ins Gegenteil umschlagen läßt.

Nicht von ungefähr ist das Verhältnis von Denken und Krankheit ständig präsent bei ihm. Seine extremsten Gedanken steigen aus Krankheitsattacken auf, seine tiefsten Einsichten gedeihen am Rande des Wahnsinns; daher sein steter Verdacht, daß Denken selbst letztlich bloß ein krankhafter Auswuchs der Natur ist. In all seiner gedanklichen Kühnheit schwingt stets sein eigener Leidensuntergrund mit. Und so gewinnt der unfreiwillige Proteus, der eigentlich der klar identifizierbare Bringer einer neuen menschlichen Gesundheit sein will, auch das Ansehen eines Schmerzensmanns. Seine Lebens- und Denkgeschichte ist eine Passionsgeschichte. Was ihn bis zum Wahnsinn umgetrieben hat, war seine Denkpassion. Genauer gesagt, seine Vernunftpassion. Seine Ausfälle gegen

1 NW 431

die Vernunft sind nie platter Irrationalismus, vielmehr Zeugnisse einer heftigen Vernunftliebe, und zwar einer tief verletzten und enttäuschten. Daß doch dies zarte Gespinst namens Vernunft von seinem physiologischen Boden, mit andern Worten, von seiner Triebnatur nicht loskommt! Es ist längst nicht so rein, wie es tut. »Der reine Geist ist die reine Lüge ...«[2]

Dieser Satz ist das knappste Protokoll einer großen Enttäuschung, das schärfste Geschütz gegen jeglichen Monotheismus und jegliche Selbstgenügsamkeit der Moral, ein Bahnbrecher zur Psychoanalyse, deren Einsichten in den seelischen Primärprozeß Nietzsche auf verblüffende Weise vorausgefühlt hat – sowie die prägnanteste Formel für das, was mit Vernunftpassion gemeint ist: Leiden an der Vernunft und Leidenschaft für sie. Vernunft ist immer zu wenig. Aber gegen ihr Ungenügen hat Nietzsche nichts aufzubieten als – gesteigerte, verfeinerte, geballte Vernunft. Er kann nicht anders, als ihre Blößen schonungslos aufzudecken – aber mit der ganzen »Zucht des Geistes«[3], die die Aufklärung hervorgebracht hat.

Vernunft gegen Vernunft: aus diesem Dilemma ist Nietzsche nie hinausgekommen. Aber wie

2 AC 175
3 AC 208

auch? Es ist ja das Dilemma der modernen Welt. Es macht ihre spezifische Krise aus. Die ganze industrielle Kultur, die Hochtechnologie, der globale Kapitalismus: sie sind Highlights wissenschaftlich-technischer Vernunft und zugleich Irrlichter einer selbstzerstörerischen Zivilisation. Nietzsche hat das moderne Vernunftdilemma auf eine ganz private, schrullige und zugleich unerhört exemplarische Weise durchgemacht – längst ehe es im 20. Jahrhundert globale Evidenz bekam. Deshalb hat seine Passion nicht aufgehört, die Gemüter zu bewegen. Er ist nicht einer jener Philosophen, deren »Thesen« man mehr oder weniger gutheißen oder ablehnen kann. Er ist – in diesem Punkt hat er nicht übertrieben – »ein Schicksal«[4]. Er kommt als Schrift gewordene Denkbewegung auf seine Leser zu und zieht sie in einen mentalen Strudel hinein, in dem er sich mit jedem seiner Gedanken selbst aufs Spiel setzt und die Leser vor die Frage stellt, ob sie das auch zu tun bereit sind.

Der Schmerzensmann Nietzsche ist auch einer der großen modernen Versucher. Wer sich seiner Denkbewegung nicht rückhaltlos aussetzt, kneift. Wer sich ihr aber öffnet, läuft Gefahr, ihr zu erliegen; sei es, daß er in ihrem Sog am Weltzustand ähnlich irre wird wie Nietzsche selbst; sei es, daß

4 EH 365

er in den Abgründen, die Nietzsches Denken aufreißt, genüßlich umhertaumelt und das Surfen in ihnen zur neuen Lebensform verklärt. Beides leistet dem Andenken Nietzsches einen Bärendienst und verkennt, was ein Versucher ist. Sich mit ihm zu identifizieren ist genauso unsinnig wie seine Existenz zu verleugnen. Versuchungen muß man durchmachen. Man muß am Versucher selbst die Kräfte zu seiner Überwindung gewinnen. Er kann solche Kräfte aber nur mobilisieren, wenn er nicht als Vorbild mißverstanden wird. Darum geht es im Folgenden. Nietzsche als Kraftquelle wirken zu lassen, oder – um so physiologisch zu reden wie er – als Impfstoff gegen den Weltzustand, an dem er irre geworden ist: das ist die Intention der hier versammelten Aufsätze und Reden.

# Nietzsches Vernunftpassion

Friedrich Nietzsche war ein durch und durch rücksichtsloser Denker. Rücksichtslos gegen jegliche Vorlieben und Empfindlichkeiten seiner Leser, aber genauso rücksichtslos gegen sich selbst. Er hat sich nie geschont. Mit allen Gedanken, die er ins Spiel brachte, setzte er auch *sich* aufs Spiel. Dabei war er kein Draufgänger, zunächst einmal sogar das Gegenteil davon: ein angepaßtes Pastorenkind, vielseitig begabt, aber auch altklug und für sein Alter allzu beflissen in religiösen und geistigen Angelegenheiten. »Der kleine Pastor« wurde er gelegentlich genannt. Als Mustersohn seiner Mutter, Musterschüler im berühmten Internat Schulpforta bei Naumburg, Musterstudent der Altphilologie in Bonn und Leipzig machte er eine Traumkarriere. Mit 25 Jahren wurde er, ohne jeden förmlichen akademischen Abschluß, nur auf eine briefliche Empfehlung seines Lehrers Friedrich Wilhelm Ritschl, als Professor nach Basel berufen.

Erst dort begann die sichtbare Entfaltung seines Eigensinns. Er schrieb sein erstes Buch: *Die Geburt der Tragödie aus dem Geiste der Musik.* Er schlug darin so ungewohnte Töne an, brachte die alten griechischen Tragiker auf so brisante Weise mit dem philosophischen Pessimismus Arthur Schopenhauers und den Musikdramen Richard Wagners in Verbindung, daß die ganze altphilologische Zunft befremdet war. Er hatte deren Standards mißachtet. Aber zumindest hatte er nach den Regeln der akademischen Kunst exponiert, begründet und geschlußfolgert und insofern die Form gewahrt. Auch seine vier *Unzeitgemäßen Betrachtungen,* so sehr sie mit dem Niedergang der modernen Kultur hadern, behalten die konventionelle Form der Abhandlung bei, genauso wie einiges Unveröffentlichte aus der Professorenzeit: die unvollendete *Philosophie im tragischen Zeitalter der Griechen,* die Reflexionen *Über Wahrheit und Lüge im außermoralischen Sinne*, diverse ausformulierte Vorlesungen, Vorträge und Vorworte zu ungeschriebenen Büchern.

Damit allerdings war das akademische Maß voll. Im Alter von 33 Jahren war Nietzsche derart krank, von Sehstörungen, Migräne- und schwer identifizierbaren Schwächeanfällen heimgesucht, daß er sich unfähig fühlte, seinen Lehrverpflichtungen weiterhin nachzukommen. Er verließ die

Universität – und brach auch mit ihren literarischen Formen. Er überließ sich von nun an den Ausbrüchen seines Denkens, ohne noch zu versuchen, sie an die Kandare des Traktats oder der Monographie zu nehmen. So entstanden Tausende von Aphorismen, die einen zusammengefaßt in Büchern, die andern liegengelassen, die meisten von schneidender Schärfe, strahlender Klarheit oder zwielichtig schillernd. Nietzsches Hauptwerk besteht aus einem Haufen von Fragmenten, die keineswegs immer verraten, ob und wie sie sich zu gedanklicher Einheit fügen.

Kann man in diesen Haufen ein System bringen? Das hätte sich Nietzsche verbeten. »Ich misstraue allen Systematikern und gehe ihnen aus den Weg. Der Wille zum System ist ein Mangel an Rechtschaffenheit«[5]. Mit andern Worten: Systeme sind lediglich Fassaden. Dahinter aber ist etwas am Werk, wovon das System nicht spricht: der Wille zum System, das Bedürfnis, Ordnung zu stiften, Dinge, Eindrücke, Gefühle unter feste Regeln zu bringen, in einen durchgängigen Zusammenhang von Ursachen und Wirkungen, Gründen und Folgen. Es gibt keine Ordnung, die nicht systematisch wäre, und kein gedankliches System, das nicht rational konstruiert wäre. Der Wille zum System aber,

5 GD 63

die treibende Kraft, die es konstruiert, ist gerade nicht rational, sondern ein Trieb, ein gefühlsgeladener Impuls. Er wirkt systembildend, weil er sich nach Ordnung, Übereinstimmung, Vertrautheit, Sicherheit, will sagen, nach einer zusammenhängenden, integralen Welt *sehnt*. Deshalb sucht er die wirkliche Welt in begriffliche Schemata zu stopfen und suggeriert, daß ausgerechnet in den abstraktesten Gespinsten des menschlichen Kopfes die lebendige Natur ihre wahre Heimstatt finde.[6]

Das ist für Nietzsche der Kardinalirrtum des menschlichen Denkens. Es hält sich für durch und durch rational. Es macht die Rechnung ohne die wünschende, sehnende Triebkraft, die sein Motor ist. Es glaubt, durch einen systematischen Gedankenzusammenhang die Wahrheit auszudrücken, und drückt doch bloß seinen eigenen Wunsch nach Sicherheit, Vertrautheit, Sinn und Halt aus. Weil der menschliche Intellekt es in einer Welt ohne Sinn nicht aushält, schafft er sich, was ihm

6 Der Inbegriff des Systematikers ist für Nietzsche selbstverständlich Hegel. Aber der Systemtheorie des 20. Jahrhunderts hätte er nicht minder mißtraut. Daß sie in Organismen und Gemeinwesen nichts als Systeme wahrnimmt und nichts zu tun glaubt, als deren Funktionieren leidenschaftslos zu beschreiben – in einer Terminologie, die die Systemwirklichkeit eins zu eins wiedergibt: das wäre ihm tief suspekt gewesen.

fehlt; er legt sich die Welt aus, fügt selbst ihre größten Widrigkeiten zu einem Sinn zusammen. Im Alltag geschieht das sehr fragmentarisch; zu Ende geführt ergibt das ein philosophisches System. »*Der Ursprung unsres Begriffs ›Erkenntniss‹*. – Ich nehme diese Erklärung von der Gasse; ich hörte jemanden aus dem Volke sagen ›er hat mich erkannt‹ – : dabei fragte ich mich: was versteht eigentlich das Volk unter Erkenntniss? was will es, wenn es ›Erkenntniss‹ will? Nichts weiter als dies: etwas Fremdes soll auf etwas *Bekanntes* zurückgeführt werden. Und wir Philosophen – haben wir unter Erkenntniss eigentlich *mehr* verstanden? Das Bekannte, das heisst: das woran wir gewöhnt sind, so dass wir uns nicht mehr darüber wundern, unser Alltag, irgendeine Regel, in der wir stecken, alles und jedes, in dem wir uns zu Hause wissen: – wie? ist unser Bedürfniss nach Erkennen nicht eben dies Bedürfniss nach Bekanntem, der Wille, unter allem Fremden, Ungewöhnlichen, Fragwürdigen Etwas aufzudecken, das uns nicht mehr beunruhigt? Sollte es nicht der *Instinkt der Furcht* sein, der uns erkennen heisst? Sollte das Frohlocken des Erkennenden nicht eben das Frohlocken des wieder erlangten Sicherheitsgefühls sein? ...«[7]

7 FW 593f.

So sieht nach Nietzsche der Untergrund eines jeden Systems aus. Er besteht aus Schrecken und Begierde, Furcht vor dem Fremden und Jubel über das Vertraute. Sie sind es, die unbewußt das Bewußtsein lenken – bis in seine avanciertesten Formen hinein. In jedem Denksystem ist der Wille zum System die Triebkraft und der blinde Fleck zugleich. Indem sich dieser Wille in logische Ordnung übersetzt, verbirgt er seine Triebhaftigkeit nicht nur vor der Welt, der Öffentlichkeit, den anderen Intellekten, sondern sogar vor sich selbst. Es gelingt ihm eine derart perfekte Verstellung, daß nicht einmal mehr er selbst sie als solche durchschaut. Er verkennt sie als grundehrliche Einstellung. Genau darin liegt jener »Mangel an Rechtschaffenheit«, der Nietzsche allen Systemen mißtrauen läßt. In dem Maß, in dem das intellektuelle System sich gegen die Wahrnehmung seiner ungeistigen Wurzeln sträubt, sträubt Nietzsche sich gegen jedes System, nicht nur inhaltlich, sondern auch durch die literarische Form. Der Aphorismus soll mehr sein als systematisch: »mein Ehrgeiz ist, in zehn Sätzen zu sagen, was jeder Andre in einem Buche sagt – was jeder Andre in einem Buche *nicht* sagt ...«[8] Der Aphorismus soll also, indem er sich gegen das System wendet, dessen

8 GD 153

Selbst-Verstellung offenlegen und so gerade jene Selbstreflexion leisten, die das systematische Denken unterbindet. Er soll, anders gesagt, eine Rückwendung, eine Re-volte des Denkens gegen seinen eigenen Willen zum System vollziehen. Dieser Wille selbst soll reflexiv werden: ein gegen sich selbst gewendeter Impuls; und die Spannung, in die er das Denken auf diese Weise versetzt, entlädt sich in einem aphoristischen Feuerwerk.

Heute wissen wir: Nietzsches Bruch mit der Tradition war ein epochales Ereignis. Keine Philosophie kann darüber mehr zur Tagesordnung übergehen – es sei denn um den Preis von Scheuklappen. Seine Außenseite ist eine aphoristische Explosion, seine Innenseite eine fundamentale Erschütterung. In Nietzsche erschrickt der Menschengeist auf unerhörte Weise vor seiner eigenen Niedrigkeit. Statt sich gottgleich zu erweisen, statt sich zu bestätigen als Krone der Schöpfung und Garant der Wahrheit, entdeckt er sich als die abstrakteste, flüchtigste, ungreifbarste Frucht animalischer Wurzeln. Der Geist bildet kein höheres Reich über der Triebnatur; er gibt bloß deren blasses und ohnmächtiges Abbild, das sich zudem als solches nicht erkennen will. Er ist weniger als animalische Natur: in sich zurückgekrümmte, degenerierte, pervertierte Natur. Diesen Skandal aufzudecken und nicht nur auszuhalten, sondern als Kraftquelle wahrzunehmen: Das macht nach Nietzsche die »Rechtschaffenheit« des Geistes aus.

Nietzsches Ausfälle gegen die Vernunft sind kein Irrationalismus. Sie sind Zeugnisse einer heftigen Vernunftliebe, und zwar einer tief verletzten und enttäuschten, die nicht anders kann, als die ganze Unzulänglichkeit der Vernunft aufzudecken. Das allerdings hat in einen Sog geführt. Je besser die Vernunft sich kennenlernt, desto besser lernt sie ihr Ungenügen kennen, desto mehr leidet sie an sich selbst. Die Vernunftpassion, die Nietzsches Denkweg kennzeichnet – Passion sowohl im Sinne von Leiden an der Vernunft als auch von Leidenschaft für die Vernunft – hat so immer mehr die Dynamik einer Selbstverstärkung angenommen. Gedanken und Polemik werden immer schärfer, die Wechselbäder zwischen Verzweiflung und Euphorie immer heftiger, die Aphorismen immer dekretorischer. »Was sich erst beweisen lassen muß, ist wenig werth«[9], ist jetzt die Devise. Warum treffende Sätze noch argumentativ unterfüttern? Auf den Kredit ihrer Selbstevidenz neigt Nietzsche im letzten Jahr seines bewußten Lebens mehr und mehr dazu, über Religion, Moral, Erkenntnis, Weltpolitik oder Kunst knappe finale Urteile zu fällen wie

9 GD 70

ein jüngstes Gericht. Es verlangt ihn nach einer über alles Argumentieren erhabenen, vollkommen souveränen Vernunft, die nur noch benennt und sagt, was ist oder sein soll. Doch so erhaben werden Menschen nicht. Bis zu einem gewissen Grad mag die Verknappung der Argumentation der Schärfe des Gedankens gut tun. Wenn aber gar nicht mehr argumentiert wird, wird die Vernunft nicht souverän; sie verliert sich. Und so ist Nietzsche dort, wo er sich am Höhepunkt wähnt, ganz dicht am Tiefpunkt. Seine Vernunftpassion hat das Maximum erreicht. Um die Wende zum Jahr 1889 geht eine mit sich selbst zerfallene, sich selbst nicht mehr erträgliche Vernunft in einem Turiner Hinterzimmer in Wahnsinn über.[10]

Was da stattfand, war nicht nur ein geistiger Zusammenbruch. Es hatte den Rang einer Vernunfttragödie. Sie hinterläßt eine sehr grundsätzliche Frage: War sie nur ein Privatschicksal, oder nahm sie vorweg, was womöglich einer sich

10 Was nicht heißt, daß hier klare Kausalverhältnisse vorliegen. Nietzsches Wahnsinn läßt sich aus seiner Vernunftpassion nicht deduzieren. Sie ist allenfalls als sein Vorbote erweislich, aber nicht als seine Ursache. Daß jemand, der so passioniert denkt wie Nietzsche, automatisch wahnsinnig werden muß, folgt daraus keineswegs. Selbst mit Schizophrenie kann man neunzig werden, ohne in geistige Umnachtung zu fallen.

über sich selbst aufklärenden Vernunft generell droht: daß sie sich nicht mehr erträgt? Anders gefragt: Läßt sich rückhaltlos intellektuelle Redlichkeit üben, ohne daß der Intellekt haltlos zerfällt? Machen wir die Probe aufs Exempel – von jenem Willen zum System aus, den Nietzsche als den physischen, triebhaften, affektiven Motor aller Rationalität entdeckt hat.

Die ersten gedanklichen Systeme waren bekanntlich theologische. Sie führten eine Vielheit von Naturereignissen auf eine höhere Ursache, eine Gottheit zurück, um das Außergewöhnliche gewöhnlich, das Fremde vertraut, das Erschütternde zum Bestandteil einer festen Ordnung zu machen. Das diente der Schreckabwehr, war allerdings zugleich auch der primitive Anfang der Wissenschaft. Denn Gottheiten gelten als Ursachen, Gründe, Fundamente einer zusammenhängenden Ordnung – als die ersten Systemgaranten, die älteste Gestalt von Kausalität. Anders gesagt: Der Wille zum System ist anfangs ein Wille zu Göttern. Im Laufe der Zeit lernte er sich immer besser zu objektivieren – zu verstecken. So wurden aus den theologischen Systemen philosophische, aus den Göttern Prinzipien, und die logischen Schritte zu ihrer Ermittlung wurden immer geschmeidiger und raffinierter. Und dennoch erhielt sich in ihnen derselbe Denktypus, derselbe Wille zum

System, derselbe Mangel an Rechtschaffenheit. Er macht die tiefe Verwandtschaft von Priester und Philosoph aus. »[D]er philosophische Geist hat sich zunächst immer in die *früher festgestellten* Typen des contemplativen Menschen verkleiden und verpuppen müssen, als Priester, Zauberer, Wahrsager, überhaupt als religiöser Mensch, um in irgend einem Maasse auch nur *möglich zu sein: das asketische Ideal* hat lange Zeit dem Philosophen als Erscheinungsform, als Existenz-Voraussetzung gedient – er musste es *darstellen*, um Philosoph sein zu können, er musste an dasselbe *glauben*, um es darstellen zu können.«[11] Der Priester ist also eine Frühform des Philosophen, der Philosoph eine Spätform des Priesters, und beiden ist der Kunstgriff gemein, sich in das »asketische Ideal« zu kleiden und dadurch zu maskieren.

»Ideal« ist hier ein Stenogramm für System. Jedes Ideal impliziert ein System; jedes System expliziert ein Ideal. Aber warum asketisch? Weil jedes Ideal Verzicht auf Realität bedeutet. Es setzt eine Abstraktion an die Stelle konkreten Lebens, bewirkt nicht nur Täuschung und Selbsttäuschung, sondern Schwächung, Verarmung, Entleerung des Lebens selbst. Es ist lebensfeindlich, blutleer, blaß, flüchtig, und in alledem Ausdruck

11 GM 360

eines listig-hinterlistigen Willens zur Macht. Wer ein Ideal aufrichtet, will den Sieg des Ideals über die Realität, die Herrschaft der Abstraktion über das Konkrete, der Schwäche über die Stärke. Er will die Perversion der Welt.

Für Nietzsche ist das die Tat von Priestern – jedweder Konfession, Religion, Epoche. Sie verzichten nicht etwa auf den Willen zur Macht, der allen Triebwesen eigen ist; sie krümmen ihn zu seiner lügenhaftesten und unersättlichsten Form. »Denn ein asketisches Leben ist ein Selbstwiderspruch: hier herrscht ein Ressentiment sonder Gleichen, das eines ungesättigten Instinktes und Machtwillens, der Herr werden möchte, nicht über Etwas am Leben, sondern über das Leben selbst, über dessen tiefste, stärkste, unterste Bedingungen; hier wird ein Versuch gemacht, die Kraft zu gebrauchen, um die Quellen der Kraft zu verstopfen; hier richtet sich der Blick grün und hämisch gegen das physiologische Gedeihen selbst, insonderheit gegen dessen Ausdruck, die Schönheit, die Freude; während am Mißrathen, Verkümmern, am Schmerz, am Unfall, am Hässlichen, an der willkürlichen Einbusse, an der Entselbstung, Selbstgeisselung, Selbstopferung ein Wohlgefallen empfunden und *gesucht* wird.«[12]

12 GM 363

Die menschliche Geschichte ist für Nietzsche ein stetig voranschreitender Rationalisierungsprozeß. Den allerdings interpretiert er als immer raffiniertere Sublimierung und Verstellung *des Priesters.* Im Christentum waren die Philosophen noch offenkundige Priester. In der Moderne werden sie zu heimlichen Priestern. Hier findet nicht etwa die Verabschiedung von Theologie und Priester statt, sondern ihre hinterlistige, sich selbst verleugnende Apotheose. »Was hilft alle Freigeisterei, Modernität, Spötterei und Wendehals-Geschmeidigkeit, wenn man mit seinen Eingeweiden Christ, Katholik und sogar Priester geblieben ist!«[13] Und seine besondere Begabung, in den Eingeweiden des Geistes zu lesen, läßt Nietzsche zu der Überzeugung gelangen: Noch die gesamte Aufklärung, inklusive Atheismus und Wissenschaft, setzen unbewußt und unfreiwillig das Priesterdenken fort; sie suchen die Herrschaft des Ideals zu vervollkommnen, statt mit ihm zu brechen. »Nein! man komme mir nicht mit der Wissenschaft, wenn ich nach dem natürlichen Antagonisten des asketischen Ideals suche«. Sie »ist einstweilen die *beste* Bundesgenossin des asketischen Ideals, und gerade deshalb, weil sie die unbewussteste, unfreiwilligste, die

13 GD 112

heimlichste und unterirdischste ist!«[14] »Es giebt, streng geurtheilt, gar keine ›voraussetzungslose‹ Wissenschaft«; »eine Philosophie, ein ›Glaube‹ muß immer erst da sein, damit aus ihm die Wissenschaft eine Richtung, einen Sinn, eine Grenze, eine Methode, ein *Recht* auf Dasein gewinnt.«[15] »Oh was verbirgt heute nicht Alles Wissenschaft! wie viel *soll* sie mindestens verbergen! Die Tüchtigkeit unsrer besten Gelehrten, ihr besinnungsloser Fleiss, ihr Tag und Nacht rauchender Kopf, ihre Handwerks-Meisterschaft selbst – wie oft hat das Alles seinen eigentlichen Sinn darin, sich selbst irgend Etwas nicht mehr sichtbar werden zu lassen! Die Wissenschaft als Mittel der Selbst-Betäubung: *kennt ihr das?*«[16]

In andern Worten: Moderne Wissenschaft mag mit noch so großem Scharfsinn die Eingeweide der lebendigen und toten Natur erforschen; sie entbehrt dennoch des Bewußtseins ihrer eigenen priesterlichen Eingeweide. Sie will nicht wahrhaben, daß sie, wenn sie die konkrete Natur abstrakten Formeln unterwirft, genauso im Dienste der Herrschaft der Abstraktion arbeitet wie jeder Theologe. Formeln sind Ideen, Ideen sind Idole,

14 GM 402 f.
15 GM 400
16 GM 397

Idole sind Götter. Wissenschaftliche Formeln jedoch erreichen einen ungleich höheren Grad der Abstraktion und sind daher auch ungleich erfolgreicher als theologische Ideen. Der Witz dabei ist freilich, daß der Wissenschaftler, indem er mit seinen Formeln im hochmodernen Laboratorium experimentiert, ausgerechnet die alten priesterlichen Prätentionen realisiert und vervollkommnet – viel besser als jeder moderne kirchliche Würdenträger.

Selbstverständlich ist jegliche Moral, die Menschen im Laufe von Jahrtausenden ausbrüteten, für Nietzsche ebenfalls Priesterwerk. Moral ist asketisches Ideal. Sie verlangt Verzicht aufs Tier im Menschen: die Bekämpfung seiner triebhaften, wilden, egoistischen Natur. In der Moral kämpft der Mensch gegen sich selbst. Moralisches Verhalten impliziert Unterdrückung, mehr noch, Freude daran – Freude am Leiden-Machen, sei es, daß man andere, sei es, daß man sich selbst quält. Und wie soll man solch zweifelhaften Genuß nennen, wenn nicht Sadismus im ersten, Masochismus im zweiten Fall? Sadomasochismus aber zählt zu den klassischen Perversionen, und Moral hat, ob sie will oder nicht, daran teil. Kein moralischer Akt kommt zustande, ohne daß eine mehr oder weniger feine, delikate, perverse Grausamkeit ihn würzt. Nur scheinbar verzichtet Moral auf Triebe, Begierden, Affekte. »Der Wille, einen Affekt zu überwinden, ist zuletzt doch nur der Wille eines anderen oder mehrer anderer Affekte.«[17] In der Moral hören Affekte und Triebe nicht einfach auf. Sie wenden sich gegen sich selbst, werden listig, hinterlistig, reflexiv, verstecken sich in Idealen, Tugenden, Askese. Jede Moral weiß, daß Grausamkeit nicht gut ist, aber keine weiß sich ohne Grausamkeit durchzusetzen. Jede besteht auf der Unmoral von Täuschung, und keine kann ohne Selbsttäuschung bestehen.

Nietzsche findet das beschämend. »Sich seiner Unmoralität schämen: das ist eine Stufe auf der Treppe, an deren Ende man sich auch seiner Moralität schämt.«[18] Mit andern Worten: *Moral ist nicht genug*. Sie krankt nicht nur daran, daß die meisten sich nicht an sie halten; sie ist mit sich selbst nicht im Reinen. Sich ihrer schämen: das erst ist »Rechtschaffenheit«. Scham ist ein negativer Affekt. Es fehlt ihr jeder Genuß, auch jeder masochistische. Sie ist ein Mißbehagen der Person an sich selbst, aus dem sie schleunigst heraus möchte – also das Gegenteil eines moralisch gehobenen Zustands, der sich im Einklang mit bewährten

17 JGB 93
18 JGB 90

Grundsätzen und damit auf der Seite des Guten und Richtigen fühlte. Gerade deshalb aber hat Scham läuternde Kraft. Sie verlangt, daß die moralischen Gebrechen der Moral, die sie schmerzlich verspürt, ins Bewußtsein gehoben werden. Zudem macht sie deutlich, daß der Schritt über die Moral hinaus nur Menschen zusteht, die sie zuvor ganz durchquert und durchlitten haben. Sich seiner Unmoralität schämen lernen ist die notwendige Bedingung, um zur Scham über die Moralität zu gelangen.

Nötigte man mich, Nietzsche in einen Satz zu fassen, so würde ich es mit diesem versuchen: Er ist die fleischgewordene Revolte gegen die Abstraktion. Er revoltierte dagegen geistig, indem er die triebhaften Eingeweide des Intellekts offenlegte; literarisch, indem er die ganze Umständlichkeit argumentativer Beweisführung fahren ließ zugunsten eines impulsiven, illustrativen, bildgesättigten Gedankenausbruchs, der der Philosophensprache eine nie gekannte Anschaulichkeit und Leichtfüßigkeit gab. Nicht zuletzt revoltierte er auch physisch gegen die Abstraktion, indem er am Professorenamt erkrankte – gewissermaßen an der akademischen Welt seiner Zeit, die ihrerseits bloß die intellektuelle Firnisschicht auf der »sogenannten industriellen Cultur« darstellt. »[L]etztere in ihrer jetzigen Gestalt ist überhaupt die gemeinste Daseinsform, die es bisher gegeben hat. Hier wirkt einfach das Gesetz der Noth: man will leben und muß sich verkaufen, aber man verachtet Den, der diese Not ausnützt und sich den Arbeiter *kauft*. [...] in dem Arbeitgeber sieht der Arbeiter gewöhnlich nur einen listigen, aussaugenden, auf alle Noth spekulierenden Hund von Menschen, dessen Name, Gestalt, Sitte und Ruf ihm ganz gleichgültig sind.«[19]

Das moderne »Gesetz der Not« ist nicht mehr in erster Linie ein persönliches Verhältnis wie zwischen Herren und Sklaven oder Regierenden und Untertanen. Es hat sich zu einem anonymen Zwang verflüchtigt. Wo die Mehrheit aus Not ihre Arbeitskraft verkauft und eine Minderheit sie um des Gewinns willen kauft, da kommt die systematische Verwandlung von Menschen in Waren in Gang und mit ihr die moderne Wirtschaftsordnung samt ihrer spezifischen Form von Konkurrenz, Ausbeutung und Verwaltung. Nietzsche hat diese Ordnung zwar nicht wie Marx studiert, aber er hat sie ebenso schlecht ertragen. Er spürte darin die raffinierteste und hinterlistigste Form der Herrschaft: ein System, worin Herrschaft und Unterdrückung sich selbst verleugnen, sich in

19 FW 407

einem Netz ungreifbarer Zwänge verstecken, das Dingen und Menschen nach und nach ihr eigenes Leben aussaugt. Es ist ein Herrschaftssystem ohne Herren, bringt keine souveränen Individuen mehr hervor, sondern ein Kollektiv von Sklaven, die zwar mehr oder weniger privilegiert sind (es gibt da beträchtliche Unterschiede), alle jedoch dem ebenso allgegenwärtigen wie ungreifbaren Regime von Terminen, Verhandlungen, Kalkülen und Preisen unterliegen; Sklaven zudem, die für ihre Sklaverei eine ganze Beschönigungsterminologie (Titel wie »Würde der Arbeit«) aushecken. Nietzsche konnte ein solches System nur als Gipfel der Verkehrung, der Perversion der Menschheit wahrnehmen. Sein Widerwille dagegen machte ihn unfähig, sich mit diesem System direkt zu befassen, aber um so fähiger, dessen Niederschläge in den menschlichen Seelen zu studieren. So wurde er einer der feinfühligsten Psychologen jener kapitalistischen Gesellschaftsformation, von deren ökonomischem Funktionieren er herzlich wenig verstand – mit einem scharfen Blick für den Typus des modernen Menschen, der nicht fähig ist, sich von seinen feinsten und flüchtigsten Produkten zu emanzipieren: dem Netz der Abstraktion.

Dadurch, daß in der modernen Gesellschaft Herrschaft immer unpersönlicher, anonymer, ungreifbarer wird, so daß man immer mehr nur ihre austauschbaren Agenten zu fassen bekommt, aber nicht sie selbst, ist der Abstraktion eine nie gekannte Macht zugewachsen. Und die muß man mitdenken, wenn man Nietzsches Aversion gegen die Abstraktion begreifen will. Das moderne Netz abstrakter Zwänge erscheint ihm als die logische und historische Quintessenz der Abstraktion, des Ideellen überhaupt. Nur daß er eines nicht wahrhaben will: Es gibt kein Menschsein ohne Abstraktion. Sie ist keine Krankheit, die ursprünglich kerngesunde, kraftstrotzende Menschentiere in kulturelle Schwächlinge verwandelte. Sie hat vielmehr als Notwehrmaßnahme begonnen und aus hochnervösen, extrem schreckempfindlichen Tieren, die alles andere als Kraftprotze waren, allererst Menschen gemacht. Menschwerdung war Flucht in die Abstraktion, und Abstraktion hatte zunächst einen eigenen Raum: den abgesonderten Tempelbezirk. Er war der imaginäre Schonraum, worin Hominiden Zuflucht vor dem Naturschrecken suchten und ihn *heiligen* lernten, indem sie ihn durch grausige Opferhandlungen in Eigenregie wiederholten. So vollzog sich die Umwendung des Naturschreckens in eine Schutzmacht: die Ur-Umwertung. Das Heilige war ursprünglich nichts als geheiligter Schrecken und der Tempel der ihm geweihte Schonraum.

Dieser Schonraum war die Wiege aller Idealisierung. Alle Vorstellungen, Gedanken, Begriffe, Prinzipien sind aus der Einbildung des Heiligen hervorgegangen. Sie schwächten die menschliche Natur anfangs nicht, sondern waren schwache Stärkungsmittel gegen den Naturschrecken – Narkotika, um ihn auszuhalten. Zur ewigen, unzerstörbaren Sphäre des Ideellen, des Geistes, der reinen Wahrheit sind sie erst spät erhöht und verdünnt worden. Da waren Tempel längst einträgliche Wirtschaftsräume und Priester ihre kundigen Verwalter. Und noch viel später, nämlich erst im modernen Kapitalismus, gewann die Abstraktion eine solche systemische Eigenständigkeit, daß sie sich zum »Gesetz der Not« aufspreizte, das Menschen massenhaft zwingt, sich als austauschbare Waren zu verkaufen, dabei von ihrer Individualität absieht und sie in ein ganzes Netz abstrakter Zwänge verwickelt. Nietzsche hat bestimmte Spätformen der Abstraktion mit Abstraktion überhaupt, mit Idealbildung als solcher gleichgesetzt und als Bestätigung für seinen Generalverdacht genommen: Abstraktionen sind blutleer, Ideale schwächen die Natur. Sie sind das menschliche Grundübel, der Beginn der Dekadenz – und müssen verschwinden.

Weil aber dieser Generalverdacht viel zu pauschal war, hat Nietzsches Revolte gegen die Abstraktion selbst etwas Abstraktes. Über ihr schwebt die Vision des großen Menschen, der über jedem Ideal steht, weil er keines mehr nötig hat und ohne Gewissensbisse, jenseits von Gut und Böse, mit sämtlichen Lebens- und Denkbedingungen zu spielen weiß. Diese Figur geistert in verschiedenen Formen durch Nietzsches Werk: als blonde Bestie, die das Gift des Ideals noch nicht kannte, als großer Feldherr (Cäsar oder Napoleon), der gegen den schwächenden Einfluß des Ideals angeblich immun war, schließlich als der Gott Dionysos und der Prophet Zarathustra, in denen sich das volle Leben ohne Einbuße darstellt und der große Mensch zu seinem Maximum tendiert: dem Übermenschen. Sie alle sind als Lebenskünstler vorgestellt: »*wir haben die Kunst*, damit wir nicht an der Wahrheit zu Grunde gehn.«[20] Sie ist das einzige Mittel gegen die ungeschminkt unerträgliche Härte des Lebens. Künstler ist, wer es mit dem Leben aufnimmt, und Lebenskünstler, wer dabei die Oberhand behält – im Vollsinn des Wortes *lebt*.

Es ist nicht schwer, hinter Nietzsches Vision des großen Menschen, die der Faschismus ausgeschlachtet und kompromittiert hat, ohne auch nur annähernd zu begreifen, wie sie entstand und

20 NF (1887–1889), 500

gemeint war, eine verzweifelte Schwäche zu entdecken. Nietzsches Kraft- und Machtgestus ist nur die Kehrseite seiner Überempfindlichkeit. Seine Aversion gegen die Abstraktion ist auch Aversion gegen seine persönliche Schwächlichkeit, sein ständiges Kranksein, sein unstetes Unterwegssein. Sie schafft sich Luft in Gedanken, die nicht nur das moderne »Gesetz der Not« sprengen sollen, sondern das gesamte Netz der Abstraktion. Doch das kann nicht gelingen. Der Mensch ohne jegliche Schwäche, will sagen ohne jedes Ideal – ist ein Ideal ersten Ranges: ein vollkommen souveränes, selbstgenügsames Wesen, welches das Leben ohne jeden Filter oder Vorbehalt in vollen Zügen genießt. Ein solches Wesen gibt es nicht – außer als Wunschbild in menschlichen Köpfen. Und selbst der Anti-Utopist Nietzsche war nicht frei von solchen Bildern: »Aber irgendwann, in einer stärkeren Zeit, als diese morsche, selbstzweiflerische Gegenwart ist, muss er uns doch kommen, der *erlösende* Mensch der grossen Liebe und Verachtung, der schöpferische Geist [...]. Dieser Mensch der Zukunft, der uns ebenso vom bisherigen Ideal erlösen wird, als von dem, *was aus ihm wachsen musste*, vom großen Ekel, vom Willen zum Nichts, vom Nihilismus, dieser Glockenschlag des Mittags und der grossen Entscheidung, der den Willen wieder frei macht, der der Erde ihr

Ziel und dem Menschen seine Hoffnung zurückgiebt, dieser Antichrist und Antinihilist, dieser Besieger Gottes und des Nichts – *er muss einst kommen …*«[21]

So sieht der Messias aus, den Nietzsche herbeiruft. Er soll natürlich ein Anti-Messias sein, aber als Erlöser vom Fluch des Ideals ist er ein nicht zu überbietendes Idealbild. Niemand kommt vom Ideal los, auch Nietzsche nicht. Nicht, daß er das nicht geschafft hat, ist ihm anzulasten, als müsse man es nur noch ein bißchen intensiver versuchen, ein bißchen besser »dekonstruieren« lernen oder, anders gesagt, sich ein bißchen mehr darin üben, vom Leben nichts mehr zu erwarten. Nein, auf Nietzsches Konto geht nur das überstürzte Alles oder Nichts, das seiner enttäuschten Liebe zu den Idealen, dem Schock der Entdeckung ihres Ungenügens, entsprang: entweder unbedingte Geltung des Ideals oder sein Sturz. Er weigerte sich, eine dritte Möglichkeit in Betracht zu ziehen: daß das Ideal der Wirklichkeit ebenso den Spiegel vorhalten kann wie er dem Ideal den Spiegel vorhielt. Beides gehört zusammen. Nur gedemütigte, ihres Ungenügens überführte Ideale, die nicht über der Wirklichkeit schweben, sondern sich schamhaft in ihren Boden versenken wollen, können ihr noch

21 GM 336

auf glaubwürdige Weise zusetzen. Nur eine von Scham durchdrungene Moral kann noch humane Kraft entfalten.

## Der Antichrist

Wie stellt Nietzsche sich souveräne Menschen vor? Oft genug tanzend. Seine Leitfigur Zarathustra tanzt. Der dionysische Rausch, aus dem er alle Musik aufgestiegen wähnt, ist unabtrennbar von Tanzbewegungen. Und der Tanz reicht für Nietzsche weit: von der äußeren Gebärde bis tief ins mentale Innenleben hinein. »*Denken* lernen: man hat auf unsern Schulen keinen Begriff mehr davon«, »nicht mehr die entfernteste Erinnerung daran, dass es zum Denken einer Technik, eines Lehrplans, eines Willens zur Meisterschaft bedarf – dass Denken gelernt sein will, wie Tanzen gelernt sein will, *als* eine Art von Tanzen ... Wer kennt unter Deutschen jenen feinen Schauder aus Erfahrung noch, den die *leichten Füsse* im Geistigen in alle Muskeln überströmen!« »Man kann nämlich das Tanzen in jeder Form nicht von der *vornehmen Erziehung* abrechnen, Tanzen-können mit den Füssen, mit den Begriffen, mit den Worten: habe ich noch zu sagen, dass man es auch mit der *Feder* können muss – dass man schreiben lernen muss?«[22]

Nietzsches virtuoser Tanz mit der Feder bringt allerdings auch die Sachverhalte, über die er schreibt, zum Tanzen. Kein Philosoph formuliert anschaulicher und klarer als er – und keiner irritierender. Begriffe, die im Laufe der menschlichen Geschichte einen festen, eindeutigen Sinn gewonnen haben und zu den allgemein anerkannten Orientierungsmarken zählen, ohne die eine Erkenntnis der materiellen Welt und eine vernünftige Verständigung als unmöglich gilt, werden plötzlich munter, fangen an zu gären und schlagen in ihr Gegenteil um: Moral-Unmoral, Wahrheit-Lüge, Sein-Schein, Aufklärung-Verblendung, Stärke-Schwäche, Kultiviertheit-Bestialität, Instinkt-Geist, Leben-Kunst.

Ist das die berühmte »Umwertung der Werte«, von der Nietzsche spricht? Auf den ersten Blick nicht, denn zunächst gebraucht er diesen Terminus in einem sehr äußerlichen Sinn: zur Einteilung der menschlichen Geschichte in drei große Phasen. Die erste war die Frühzeit, wo die Menschen insgesamt noch Halbtiere waren und »irgendein Rudel blonder Raubtiere, eine Eroberer- und Herren-Rasse«[23] alle übrigen unterwarf, ihnen einen herrschaftlichen

22 GD 109f.
23 GM 324

Willen aufdrückte und dadurch »Werte« schuf, die Ausdruck der Stärke und Lebensfülle waren. Dann kam eine Zeit, wo die Schwachen, zu kurz Gekommenen die Stärke und Lebensfülle der Herrschenden auf raffinierte Weise untergruben, deren Werte annagten und auf den Kopf stellten, um das Erbärmliche, Lebensfeindliche, Heruntergekommene, also sich selbst aufzuwerten. Mit dieser Umwertung begann die zweite Phase: die Dekadenz, die Herrschaft der Schwachen über die Starken. Dieser krankhafte Zustand dauert, lediglich durch wenige Ausnahmen und Glücksfälle durchbrochen, bis zur Gegenwart an – und schreit geradezu nach einer erneuten Umwertung der Werte, die die Dekadenz endlich überwindet und ein neues starkes Zeitalter hinaufführt. Nietzsche versteht sich als dessen Vorbote, als der Philosoph auf der Schwelle zur dritten und letzten Phase der Menschheit.

Als Drei-Phasen-Denker hat Nietzsche einen berühmten Vorgänger: Karl Marx. Der bezeichnete die mitteleuropäische, von der kapitalistischen Industrialisierung durchdrungene Welt zwar nicht als dekadent, wohl aber als grundverkehrt – und widmete sich einem lebenslangen Ökonomiestudium, um der Verkehrung auf den Grund zu kommen und seine Zeitgenossen zu befähigen, sie zu überwinden. Der Kommunismus, der ihm als guter Endzustand vorschwebt, soll zwar etwas ganz

Neues sein, aber zugleich an Ältestes anknüpfen. Der junge Marx preist ihn überschwenglich als »die wahre Resurrektion der Natur«, als »die Rückkehr des Menschen aus Religion, Familie, Staat etc. in sein menschliches, d. h. gesellschaftliches Dasein«[24] – einen Zustand, in dem noch kein Privateigentum die Menschen voneinander trennte, nichts Künstliches sie verbildete und unterdrückte. Zu diesem Urkommunismus hat Marx sich so spärlich geäußert, daß man meinen könnte, er habe daran gar nicht geglaubt. Doch ist er von seiner Existenz bis ins Spätwerk überzeugt geblieben. »In den ursprünglichen Gemeinwesen« herrschte »naturwüchsiger Kommunismus«.[25] Das ist für den reifen Marx zwar kein Idealzustand mehr, den man sich zurückwünschen sollte, vielmehr eine dumpfe, rauhe Welt primitiver Stammesverbände, aber eines doch immerhin noch nicht: eine verkehrte Welt. Denn im »naturwüchsigen Kommunismus« gibt es kein Geld. Die Stammesgenossen teilen die gemeinsam erarbeiteten Lebensmittel direkt untereinander auf – vielleicht nicht immer gerecht, aber ohne jegliche Zwischenschaltung von Tauschmitteln. Wo solche

24 Karl Marx, *Ökonomisch-philosophische Manuskripte*, Marx-Engels-Werke (MEW), Ergänzungsband, Dietz, Berlin 1974, S. 538 und 537

25 Karl Marx, *Das Kapital III*, Marx-Engels-Werke (MEW), Band 25, Dietz, Berlin 1977, S. 849

Mittel aufkommen, dringt der Keim des Geldes ins Gemeinwesen ein. Das direkte genossenschaftliche Verhältnis hört auf und mit ihm der naturwüchsige Kommunismus. Die verkehrte Welt beginnt. Und sie ist in dem Maße verkehrter geworden, wie der Geldumlauf das ganze soziale Leben durchdrang. In der Neuzeit regelt Geld nicht mehr nur den Austausch von Produkten; es hat sich den gesamten Produktionsprozeß unterworfen, so daß die in der Industrie Beschäftigten erst arbeiten können, wenn sie ihre Arbeitskraft an Kapitalisten verkauft und in eine Ware verwandelt haben, die nun, angewendet auf große Maschinen, eine Fülle anderer Waren produziert. Diese kapitalistische Verkehrung ist im Begriff, ihr Maximum zu erreichen. Es kann nicht mehr lange bis zum finalen Umsturz dauern, und danach wird der große Güterreichtum, den die moderne Industrie hervorbringt, nicht länger privat angeeignet, sondern gemeinschaftlich; er wird nicht mehr über Geld verteilt, sondern direkt und nach Bedarf.

Marx sah sich, ganz wie Nietzsche, als Türöffner zu einem neuen, dritten Zeitalter. Daß der Kommunismus, den er erstrebte, in menschlicher Frühzeit schon einmal eine – wenn auch unzulängliche embryonale – Vorform gehabt habe: dieser Gedanke war ihm eine stille Dauerermutigung zu seiner fieberhaften Arbeit, die allerdings so sehr der zweiten Phase, der verkehrten kapitalistischen Welt gewidmet war, daß die erste Phase kaum mehr vorkam und die dritte nur in wenigen skizzenhaften Voraussagen vage aufschien. Im Zentrum standen die Widersprüche der kapitalistischen Welt, die bei genauerem Hinsehen allerdings ihre Starrheit verloren. Die verkehrte Welt war nämlich nicht nur verkehrt. Das Verkehrte ging auch mit Richtigem schwanger. So hatte sich auf der Basis von Privateigentum und Geld eine Hochkultur entwickelt, und die große Industrie, die eine ganze Arbeiterklasse verelenden ließ, war andrerseits auch »das aufgeschlagne Buch der menschlichen Wesenskräfte«[26]. Sie ermöglichte überhaupt erst gemeinschaftliche Arbeit in großem Stil und die Produktion eines gesellschaftlichen Reichtums, der in naher Zukunft allen gemeinschaftlich zufallen sollte. Kurzum, die scharfen Konturen des Drei-Phasen-Modells lösten sich im Zuge seiner Anwendung tendenziell auf.

Nicht anders bei Nietzsche. Es beginnt schon mit seiner Person. Gehört er noch zum Menschenschlag der Dekadenz, oder schon zu dem ihrer Überwindung? »[I]ch kenne Beides, ich bin Beides«, »décadent zugleich und *Anfang*«,[27]

26 Karl Marx, *Ökonomisch-philosophische Manuskripte*, l.c., S. 542
27 EH 264

ist die Antwort. Damit wird auch die Parole von der Umwertung der Werte doppeldeutig. Es gibt eine Umwertung, die Nietzsche proklamiert, und eine, die er betreibt. Die er proklamiert, ist ein welthistorischer Kraftakt, der noch aussteht: das Werk einer von aller Dekadenz genesenen Menschheit, Ausdruck ihrer unbändigen Lebensfülle. Die Umwertung, die er betreibt, soll jener zukünftigen den Boden bereiten – und unterhöhlt sie. Denn dem großen Kraftakt, den sie ankündigt, ist sie ganz unähnlich. Nietzsche beschreibt sie als die »Filigran-Kunst des Greifens und Begreifens«, als die »Psychologie des ›Um-die-Ecke-Sehens‹«, als die Fähigkeit, »Perspektiven umzustellen«[28] – also mit typischen Attributen der Dekadenz. So vereint der Terminus »Umwertung der Werte« Unvereinbares: einerseits »*den kategorischen Imperativ, alle Verhältnisse umzuwerfen*, in denen der Mensch ein erniedrigtes, ein geknechtetes, ein verlassenes, ein verächtliches Wesen ist«,[29] andrerseits die Feier der ewigen Wiederkehr des Gleichen.

28 EH 265 f.

29 Karl Marx, *Zur Kritik der Hegelschen Rechtsphilosophie. Einleitung*, MEW 1, l. c., 1977, S. 385. Man darf diese Marxsche Formel Nietzsche getrost in den Mund legen. Sie benennt optimal den Punkt, an dem die beiden übereinstimmen.

Oberflächlich gesehen ist das eine platte Ungereimtheit. Dahinter verbirgt sich freilich nichts Geringeres als die Antinomie der Revolution: die Einsicht, daß von den bestehenden Verhältnissen nur eine radikale Umwälzung heilen könnte, und die böse Ahnung, daß der Menschenschlag, der im Bann dieser Verhältnisse steht, zu ihrer Umwälzung nicht in der Lage sein wird. Marx hat diese Ahnung nicht ernstlich an sich herangelassen. Nietzsche vermochte sich ihr nicht zu verschließen. Nachdem die proletarische Revolution überall auf der Welt zur Wiederkehr des Gleichen in anderer Gestalt oder zu dessen Verschlimmbesserung geführt hat, ohne daß die Verhältnisse dadurch irgend weniger umwälzungsbedürftig geworden wären, wird die Radikalität Nietzsches erst ganz deutlich. Sein Umwertungsbegriff setzt tiefer an als der Marxsche – nicht nur politökonomisch, sondern anthropologisch. Er wendet sich gegen eine Jahrtausende alte menschliche Befindlichkeit, die durch das Christentum in die tiefsten Seelenschichten eingedrungen und in den modernen Menschen psychosomatisch geworden ist. Wer dem Übel an die Wurzel gehen will, kann nicht erst bei der modernen Gesellschaftsform anheben. Er muß die Wurzel des Christentums ausjäten. Das aber, so Nietzsche, hat bisher niemand geleistet. Um so mehr sieht er diese Aufgabe auf sich zukommen. Im letzten Jahr seines bewußten Lebens hat sie sich ihm geradezu aufgedrängt. Er hat sie als Vorbote seines eigenen Schicksals verspürt. *Der Antichrist*: das ist nicht nur ein Buchtitel, das ist er selbst – und ein schaudererregendes Vermächtnis.

Sein Untertitel lautet *Fluch auf das Christentum*, und Nietzsche wäre nicht er selbst, wenn in diesem Fluch nicht auch eine Umwendung steckte. »Der christliche Gottesbegriff – Gott als Krankengott, Gott als Spinne, Gott als Geist – ist einer der corruptesten Gottesbegriffe, die auf Erden erreicht worden sind«. »Gott zum *Widerspruch des Lebens* abgeartet, statt dessen Verklärung und ewiges *Ja* zu sein! In Gott dem Leben, der Natur, dem Willen zum Leben die Feindschaft angesagt! Gott die Formel für jede Verleumdung des ›Diesseits‹, für jede Lüge vom ›Jenseits‹! In Gott das Nichts vergöttlicht, der Wille zum Nichts heilig gesprochen! ...«[30] Vielen gilt Nietzsche als Nihilist, weil er nicht an den Gott der christlichen Religion glaubte. Doch Nietzsche dreht den Spieß um. Der wahre Nihilismus besteht darin, das Leben zu verneinen, und gerade das tut die christliche Religion mit ihren Jenseitsphantasien. Das Jenseits ist das Nichts. »Man sagt nicht ›Nichts‹: man sagt dafür ›Jenseits‹; oder ›Gott‹; oder ›das *wahre* Leben‹; oder Nirvana, Erlösung, Seligkeit ... Diese unschuldige Rhetorik

30 AC 185

aus dem Reich der religiös-moralischen Idiosynkrasie erscheint sofort *viel weniger unschuldig*, wenn man begreift, *welche* Tendenz hier den Mantel sublimer Worte um sich schlägt: die *lebensfeindliche* Tendenz.«[31] Und wo wurde diese Tendenz erstmals geschichtsmächtig? Im jüdischen Priester. »Die Juden sind das merkwürdigste Volk der Weltgeschichte, weil sie, vor die Frage von Sein und Nichtsein gestellt, mit einer vollkommen unheimlichen Bewusstheit das *Sein um jeden Preis* vorgezogen haben: dieser Preis war die radikale Fälschung aller Natur, aller Natürlichkeit, aller Realität«; »sie haben, der Reihe nach, die Religion, den Cultus, die Moral, die Geschichte, die Psychologie auf eine unheilbare Weise in den *Widerspruch zu deren Natur-Werthen* umgedreht.«[32]

Das ist längst nicht so abwegig, wie es für durchschnittliche Theologenohren klingen mag. Die Unverträglichkeit mit allen Naturkulten ist in der Tat der *Cantus firmus* des israelischen Gottes. Sein Spezifikum ist die Verheißung. Ein »Land, wo Milch und Honig fließt«[33], verspricht er seinem erwählten Volk, führt es aus der Knechtschaft Ägyptens und richtet die gesamte Geschichte

31 AC 174
32 AC 191 f.
33 Exodus 3,17

Israels auf dieses Ziel aus. Doch wo immer Israel bei seinem Auszug aus Ägypten hinkommt, fließt Blut, nicht Milch und Honig. Das versprochene Land ist eine bloß gedachte und ersehnte Natur. Die wirkliche Natur ist blutrünstig und unbefriedet. Sie kultisch verehren? Das tun die Baalsdiener, das tut der Tanz ums goldene Kalb. Sie sind dem Gott Israels »ein Greuel«, denn sie lassen das gelobte Land vergessen.

Wenn Nietzsche die Geschichte Israels als »*Entnatürlichung* der Natur-Werthe«[34] auffaßt, trifft er also einen neuralgischen Punkt, zumal er bemerkt: Anfangs war es anders. »Ursprünglich, vor allem in der Zeit des Königthums, stand auch Israel zu allen Dingen in der *richtigen*, das heisst der natürlichen Beziehung. Sein Javeh war der Ausdruck des Macht-Bewusstseins, der Freude an sich, der Hoffnung auf sich: in ihm erwartete man Sieg und Heil, mit ihm vertraute man der Natur, dass sie giebt, was das Volk nöthig hat – vor allem Regen. Javeh ist der Gott Israels und *folglich* Gott der Gerechtigkeit: die Logik jedes Volks, das in Macht ist und ein gutes Gewissen davon hat. Im Fest-Cultus drücken sich diese beiden Seiten der Selbstbejahung eines Volks aus: es ist dankbar für die grossen Schicksale, durch die es obenauf kam,

34 AC 193

es ist dankbar im Verhältnis zum Jahreskreislauf und allem Glück in Viehzucht und Ackerbau.«[35]

Fragt sich bloß, warum ein Volk, das alles hat, was es braucht, und sich selbst rückhaltlos bejaht, einen Kultus und einen Gott nötig hat, dem es sein Wohlergehen dankt. Wo Kultus ist, ist auch Mangel, Bedrohung, Furcht – und die Beschwörung einer höheren Macht, sie möge gewähren, was nötig ist: Lebensmittel, Fruchtbarkeit, Schutz. Ein Kultus ist nie einfach bloß »natürlich«, Werte sind es schon gar nicht. Insofern liegt Nietzsche hier denkbar schief – und sieht doch mit Scharfblick, daß der Gott Israels in seiner Frühzeit genauso wie die Götter seiner Umgebung ein Kriegs- und Siegesgott war. *Zebaoth* (»Herr der Heerscharen«) war sein Titel. »Roß und Reiter stürzt er ins Meer«, heißt es im Triumphlied Israels nach der Errettung vor den übermächtigen Ägyptern.[36] Der Einzug in Palästina, den die Theologen so arglos »Landnahme« nennen, als hätte da bloß eine Besiedlung stattgefunden und nicht die Ausrottung oder Vertreibung der Volksstämme, denen man das Land wegnahm, ist unterm Strich ebenfalls eine Siegesgeschichte gewesen, erst recht der Aufstieg zu einer regionalen Großmacht unter

35 AC 193

36 Exodus 15,1

den Königen Saul und David – letzterer ein großer Stratege und Glückspilz, der postum immer mehr zum Wunschbild des gerechten Herrschers und Retters verklärt wurde, je mehr es mit seinen Nachfolgern wieder abwärts ging, bis schließlich die Babylonier Jerusalem eroberten, seinen Tempel zerstörten und seine Oberschicht nach Babylon verschleppten.

Und nun erst kam, was Nietzsche als Ungeheuerlichkeit empfunden hat. Wenn antike Völker vernichtend geschlagen wurden, dann ließen sie auch ihre Götter fahren. Sie hatten sie nicht beschützt; also taugten sie nichts. Man lief zu den Göttern der Sieger über. Im Falle Israels hingegen geschah etwas Singuläres. Das Volk (zumindest seine Priesterkaste) klammerte sich an den Gott, der den Zusammenbruch hatte geschehen lassen – und blies ihn, den Verlierer, zum einzig wahren, ja zum einzigen Gott überhaupt auf, zum Weltschöpfer und Weltenlenker, der eigens Großmächte gesandt hatte, um sein Volk Israel zu strafen, weil es sich seiner Erwählung durch ihn als unwürdig erwiesen hatte. Zuvor war Jahwe günstigstenfalls der einzige Gott seines Volkes gewesen. Nun, wo dies Volk als politisches Gebilde nicht mehr existierte, stieg er in der Phantasie seiner Priester zum alleinigen Gott der Welt auf. Der Monotheismus entstand unter desolatesten

Bedingungen im babylonischen Exil. Er ging aus einer beispiellosen Umdeutung von Schwäche in Stärke hervor. Erst dann kam ihm ein überaus glückliches Geschick zu Hilfe. Die Perser eroberten Babylon und gestatteten den dort lebenden Juden, nach Jerusalem zurückzukehren, den Tempel wieder aufzubauen und sich um ihn herum neu zu formieren. Da brachten sie aus der Gefangenschaft auch ihren neu erworbenen Monotheismus mit. In seinem Namen entstand nun der Tempel neu – und mit ihm eine neue jüdische Geschichtserzählung. Der so ungemein hoffnungsvolle Auszug aus Babylon nach Jerusalem lenkte die Aufmerksamkeit auf ein altes Vorbild: den Auszug aus Ägypten ins gelobte Land. Bis dato war er eines unter vielen Erinnerungsstücken Israels gewesen. Nun machte sich ein unglaublich rühriges Priesterkonsortium daran, von ihm aus die gesamte jüdische Identität neu zu konstruieren. Das sogenannte deuteronomistische Geschichtswerk entstand.

Sein Dreh- und Angelpunkt ist der Auszug aus Ägypten. Zuerst wird dessen Vorgeschichte erzählt: von der Weltschöpfung über die Erzvätergeschichten bis zum Zug der Stämme Israels nach Ägypten. Dann kommt der Auszug selbst: aus Ägypten, in die Wüste, dem Land entgegen, »wo Milch und Honig fließt«. Und alles Weitere – die sogenannte Landnahme, die Seßhaftwerdung, die

Entstehung des israelischen Königtums um Saul, David und Salomo, die Errichtung des Jerusalemer Tempels, die Spaltung des einen Königreichs in zwei und deren sukzessiver Niedergang bis zur Zerstörung des Tempels – wird als eine Serie logischer Folgen dargestellt. Israel hat sich der einzigartigen Erwählung, die ihm mit seinem Exodus zuteil wurde, nicht würdig gezeigt. Sein Niedergang ist göttliche Strafe für sein Versagen. Aber der strafende Gott bleibt seinem Volk gleichwohl treu. Es muß nur endlich lernen, sich seiner Erwählung würdig zu verhalten, dann wird es das gelobte Land, in dem es bisher nie wirklich angekommen ist, zu guter Letzt doch noch erreichen.

Erst in jüngster Zeit beginnt die alttestamentliche Forschung zu ermessen, was das unerhört fleißige, anonym gebliebene Priesterkonsortium, das dem großen biblischen Geschichtswerk vom Weltanfang bis zum babylonischen Exil seine uns vorliegende Form gab, faktisch geleistet hat. Es hat das reichhaltige Quellenmaterial, das sich in dem ungewöhnlich schreibfreudigen Volk Israel im Laufe von sieben bis acht Jahrhunderten angesammelt hatte, nicht bloß recht und schlecht zusammengestoppelt; es hat ihm überhaupt erst eine kompositorische Form gegeben. Erst der Auszug aus Ägypten ins gelobte Land stellt zwischen so heterogenen Elementen wie den Erzvätergeschichten, der Mose-Tradition, der Überlieferung aus der Richter- und Königszeit einen plausiblen Zusammenhang her. Das verheißene, entrückte, natürlich-übernatürliche Land, wo Milch und Honig fließt, war den älteren Quellen freilich noch fremd, wo der Gott Israels sich am Duft von Noahs Opfer berauscht, mit Jakob ringt, auf dem Sinai Rauch und Feuer speit etc. – wo er also selber noch in die Reihe jener kruden Naturdämonen und -götter gehört, zu deren erklärtem Feind er als Gott der Verheißung geworden ist.

Werden konnte er zu diesem Gott allerdings erst durch die ungeheure Umwendung von Schwäche in Stärke, die aus dem abgewirtschafteten Kriegsgott eine hoch moralische, ebenso strafende wie getreue Instanz machte, ja aus einem Verlierergott den einzig existierenden. Das hat Nietzsche mit seiner Spürnase für geschichtsmächtige Umwertungen gleichsam gerochen. Wenn er die alttestamentlichen Geschichtsbücher als ein »Wunderwerk von Fälschung« bezeichnet, hergestellt von Priestern, die »ihre eigene Volks-Vergangenheit mit einem Hohn ohnegleichen gegen jede Überlieferung, gegen jede historische Realität, *ins Religiöse übersetzt*« haben,[37] so ist er durch psychologische Intuition bereits an einen Punkt gelangt,

37 AC 194f.

zu dem die alttestamentliche Wissenschaft sich erst ein Jahrhundert später durch Quellenstudium vorangetastet hat: daß das deuteronomistische Geschichtswerk eine nachträgliche, nachexilische Konstruktion jüdischer Identität ist, die sich einer fundamentalen Umwertung, einer »Revolution der Alten Welt«[38] verdankt.

Der Trick in diesem »Wunderwerk von Fälschung« ist für Nietzsche die Vertauschung von Ursache und Wirkung. Der politische Niedergang Israels wird als Strafe Gottes ausgegeben, während der strafende Gott, die sogenannte sittliche Weltordnung, doch nur die geistige Ausgeburt eines niedergehenden Menschenschlags ist. Die Sittlichkeit dieses Gottes besteht darin, alles Große und Starke in der Welt als böse zu denunzieren, die schwächlichen »Ducker und Mucker«[39] hingegen, die sich raffiniert und hinterhältig unterwerfen, um zu überleben, für gut zu erklären. Das ist die Umwertung der Werte, mit der die Priestermoral in die Welt gekommen ist – für Nietzsche der wirkliche Sündenfall der Menschheit, den der Mythos vom Sündenfall, von der Vertreibung der ersten Menschen aus dem Garten Eden, nur

38 Jan Assmann, *Exodus. Die Revolution der Alten Welt*, C. H. Beck, München 2015
39 AC 196

überdeckt. Man sieht daran, wie sehr sein Begriff der Priestermoral von jener Umwertung zehrt, die jüdische Priester nach der Rückkehr aus dem Exil zu der großen Erzählung (= Fälschung) des deuteronomistischen Geschichtswerks befähigt hat.

Nur daß Nietzsche seine hellsichtige Entdeckung durch überstürzte Verallgemeinerung sogleich wieder verdunkelt: Der Kunstgriff jüdischer Priester soll das Geheimnis aller Moral enthalten. Die Volks- und Kriegsgötter, die in der Antike gang und gäbe waren, sollen Insignien kraftstrotzender Völker gewesen sein und beweisen, daß in der menschlichen Frühzeit ein souveräner, starker Menschenschlag geherrscht habe. Das aber ist romantische Illusion. Die menschliche Frühzeit ist eine Zeit der Ohnmacht, des Kampfs gegen eine übermächtige Natur, der man sich unterwerfen muß, wenn man etwas gegen sie ausrichten will. In der Magie, im Opfer liegen vorab List und Verschlagenheit. Die Demutsgebärde gegen die Götter ist das Mittel, um die eigenen Zwecke gegen sie durchzusetzen. Darin liegt aber bereits das ganze Ducker- und Muckertum, das erst später durch die Priester in die Welt gekommen sein soll. Und umgekehrt: Die ursprünglichen, starken, gesunden Menschen aus der Zeit vor der Dekadenz denkt sich Nietzsche immer schon als »vornehm«, als eine Mischung von griechischen Helden und germanischen Rittern, als längst schon befallen von jener kulturellen Verfeinerung, die ihnen dann den Garaus gemacht haben soll. In der guten alten Zeit steckt – genauso übrigens wie im biblischen Paradies – bereits der Wurm des Verfalls. Daß das Starke zugrunde geht, das Schwache sich durchsetzt: das gerade macht den Weltlauf aus. Das Starke ist das eigentlich Schwache, das Schwache das eigentlich Starke. Die Natur des Weltlaufs ist das Widernatürliche. Er ist von Anfang an schon in sich selbst umgewertet. Deshalb wird nichts aus der Umwertung der Werte, nach der er schreit.

Deshalb aber ist auch Nietzsches Verhältnis zur Priestermoral zutiefst ambivalent. Sein Haß auf Priester ist nur die Kehrseite höchster Bewunderung. »Wunderwerk von Fälschung«: das ist auch ein Ehrentitel, nicht nur Schelte. Was jüdische Priester an Umwertung geleistet haben, war bahnbrechend für alles seelische und künstlerische Raffinement, alle Feinheiten philosophischer Argumentation. Da war nicht jener platte Priestertrug am Werk, bei dem die Priester an das, was sie dem Volk verkündigen, selbst gar nicht glauben, sondern derjenige, der das Geheimnis der großen Religionsstifter und -erhalter ausmacht. »Im eigentlichen Acte des Betruges unter all den Vorbereitungen, dem Schauerlichen in Stimme, Ausdruck, Gebärden, inmitten der wirkungsvollen

Scenerie, überkommt sie der *Glaube an sich selbst*: dieser ist es, der dann so wundergleich und bezwingend zu den Umgebenden spricht.« Erst diese »Ehrlichkeit beim Betruge«[40] macht den Priestertrug groß und abgründig. Um ihm auf die Schliche zu kommen, muß man sich freilich selbst im priesterlichen Repertoire gut auskennen. Nietzsche rühmt sich denn auch, wie kaum jemand sonst »in Fragen der décadence *erfahren*« zu sein, »sie vorwärts und rückwärts buchstabirt«[41] zu haben und nur deswegen fähig zu sein, in jeder neuen Moral die Wiederkehr der alten priesterlichen Verschlagenheit zu wittern und das Unwahre in jeglichem Wahrheitspathos, das Unsittliche in jeglicher Sittlichkeit aufzuspüren.

Die große Umwertung, die sich im deuteronomistischen Geschichtswerk niedergeschlagen hat, ist für Nietzsche ein Menschheitsparadigma, das Christentum lediglich eine Konsequenz davon. »Das ›heilige Volk‹, das für alle Dinge nur Priester-Werthe, nur Priester-Worte übrig behalten hatte, und mit einer Schluss-Folgerichtigkeit, die Furcht einflössen kann, Alles, was sonst noch an Macht auf Erden bestand, als ›unheilig‹, als

40 MAM 72
41 EH 265

›Welt‹, als ›Sünde‹ von sich abgetrennt hatte – dies Volk brachte für seinen Instinkt eine letzte Formel hervor, die logisch war bis zur Selbstverneinung: es verneinte, als *Christenthum*, noch die letzte Form der Realität, das ›heilige Volk‹, das ›Volk der Ausgewählten‹, die *jüdische* Realität selbst.«[42] Die doppelte Verneinung – bei Hegel die vertraute dialektische Methode, die immer wieder durch ihr Nein zum Nein zu einem neuen Ja vordringt und so den Weltprozeß vorantreibt – bei Nietzsche macht sie schwindlig. Was soll denn das Christentum als sich selbst verneinendes Judentum sein: dessen Gipfel oder dessen Abschaum? Das läßt sich nicht auseinanderhalten, zumal die entscheidende Unwägbarkeit erst noch hinzukommt. Wohin gehört derjenige, auf den sich das Christentum beruft? Ins Christentum selbst, ins Judentum – oder ist er *outstanding*?

Alle Zuordnungen beginnen hier zu tanzen. »Ich sehe nicht ab, wogegen der Aufstand gerichtet war, als dessen Urheber Jesus verstanden oder *missverstanden* worden ist, wenn es nicht der Aufstand gegen die jüdische Kirche war«, »gegen ›die Guten und Gerechten‹, gegen ›die Heiligen Israels‹, gegen die Hierarchie der Gesellschaft«. »Aber die Hierarchie, die damit, wenn auch nur

42 AC 197

für einen Augenblick, in Frage gestellt wurde, war der Pfahlbau, auf dem das jüdische Volk, mitten im ›Wasser‹, überhaupt noch fortbestand, die mühsam errungene *letzte* Möglichkeit, übrig zu bleiben«; »ein Angriff auf sie war ein Angriff auf den tiefsten Volks-Instinkt, auf den zähesten Volks-Lebens-Willen, der je auf Erden dagewesen ist. Dieser heilige Anarchist, der das niedere Volk, die Ausgestossnen und ›Sünder‹, die *Tschandala* innerhalb des Judenthums zum Widerspruch gegen die herrschende Ordnung aufrief – mit einer Sprache, falls den Evangelien zu trauen wäre, die auch heute noch nach Sibirien führen würde, war ein politischer Verbrecher, so weit eben politische Verbrecher in einer *absurd-unpolitischen* Gemeinschaft möglich waren. Dies brachte ihn an's Kreuz: der Beweis dafür ist die Aufschrift des Kreuzes. Er starb für seine Schuld, – es fehlt jeder Grund dafür, so oft es auch behauptet worden ist, dass er für die Schuld Andrer starb.«[43]

Lauter starke, ungeschützte Behauptungen, die sogleich wieder unter Vorbehalt gestellt werden. Das Urchristentum sei zwar als Aufstand gegen die jüdische Hierarchie zu verstehen, nicht aber Jesus als dessen Urheber. Er habe zwar zum Widerspruch gegen die herrschende Ordnung aufgerufen, aber

43 AC 198

der Sprache, in der das überliefert ist und die ihn als politischen Verbrecher qualifiziert, sei nicht zu trauen; sie stamme von den Evangelisten. Wie nun: Berief sich der Aufstand zu recht oder zu unrecht auf Jesus? War er politischer Verbrecher oder nicht? Das bleibt undeutlich. Nur eines wird klar gesagt: Er starb für *seine* Schuld. Worin aber bestand die? Die Antwort auf diese Frage wird erst einige Absätze später nachgereicht. Jesu Schuld war, daß Schuld für ihn ein Fremdwort war; genauso wie Strafe. Er wußte gar nicht, was das ist. Er konnte damit überhaupt nicht umgehen. Nietzsche kündigt hier beiläufig einen Grundkonsens auf. Statt Jesus durch seine Vorzüge und Fähigkeiten zu charakterisieren, versucht er ihn von seinem Unwissen, seiner Unfähigkeit her zu erschließen. Deshalb kommen für ihn zwei Begriffe, die »Herr Renan, dieser Hanswurst in psychologicis«[44], zum besseren Verständnis Jesu vorgeschlagen hat, keinesfalls in Frage: Genie und Held.

»[W]enn irgend Etwas unevangelisch ist, so ist es der Begriff Held. Gerade der Gegensatz zu allem Ringen, zu allem Sich-im-Kampf-fühlen ist hier Instinkt geworden: die Unfähigkeit zum

44 AC 199. Ernest Renan war der führende französische Vertreter einer freigeistigen Religionswissenschaft auf der Basis historisch-kritischer Bibelforschung.

Widerstand wird hier Moral (›widerstehe nicht dem Bösen‹ das tiefste Wort der Evangelien, ihr Schlüssel in gewissem Sinne), die Seligkeit im Frieden, in der Sanftmuth, im Nicht-feind-sein-*können*. Was heisst ›frohe Botschaft‹? Das wahre Leben, das ewige Leben ist gefunden – es wird nicht verheissen, es ist in euch: als Leben in der Liebe, ohne Abzug und Ausschluss, ohne Distanz.« »Und was für ein Missverständnis ist gar das Wort ›Genie‹! Unser ganzer Begriff, unser Cultur-Begriff ›Geist‹ hat in der Welt, in der Jesus lebt, gar keinen Sinn. Mit der Strenge des Physiologen gesprochen, wäre hier ein ganz andres Wort eher noch am Platz: das Wort Idiot. Wir kennen einen Zustand krankhafter Reizbarkeit des *Tastsinns*, der dann vor jeder Berührung, vor jedem Anfassen eines festen Gegenstandes zurückschaudert. Man übersetze sich einen solchen physiologischen habitus in seine letzte Logik – als Instinkt-Hass gegen *jede* Realität, als Flucht in's ›Unfassliche‹, in's ›Unbegreifliche‹, als Widerwille gegen jede Formel, jeden Zeit- und Raumbegriff, gegen Alles, was fest, Sitte, Institution, Kirche ist, als Zu-Hause-sein in einer Welt, an die keine Art Realität mehr rührt, einer bloss noch ›inneren‹ Welt, einer ›wahren‹ Welt, einer ›ewigen‹ Welt – ›Das Reich Gottes ist in euch‹ ...«[45]

45 AC 200

Nietzsche bringt hier gar keinen vollständigen Satz mehr zustande; er assoziiert, stammelt, tastet sich an das Realitätsfremde, Unirdische heran, das er in der Jesusfigur verkörpert glaubt. Es schwebt ihm jemand vor, der »jedes Widerstreben, Widerstreben-Müssen bereits als unerträgliche Unlust [...] empfindet und die Seligkeit (die Lust) allein darin kennt, nicht mehr, Niemandem mehr, weder dem Übel, noch dem Bösen, Widerstand zu leisten« – für den folglich »die Liebe als einzige, als *letzte* Lebens-Möglichkeit« bleibt, weil er gar nicht anders kann – zu allem anderen unfähig ist.

Mit andern Worten: Jesus ist das vollkommene Mängelwesen. Es mangelt ihm an »jeder Art Wort, Formel, Gesetz, Glaube, Dogma. Er redet bloss vom Innersten: ›Leben‹ oder ›Wahrheit‹ oder ›Licht‹ ist sein Wort für das Innerste, – alles Übrige, die ganze Realität, die ganze Natur, die Sprache selbst, hat für ihn bloss den Werth eines Zeichens, eines Gleichnisses.«[46] Es mangelt ihm sogar an den beiden zivilisatorischen Grundbegriffen Schuld und Strafe, die im jüdischen Gesetz ihre größtmögliche Apotheose gefunden haben. Kurzum, er war schlechterdings asozial und gesetzlos, und dafür büßte er mit dem Kreuzestod.

46 AC 204

Und was taten die, die ihn postum verkündigten? Sie klebten ihm lauter fremde Attribute auf, weil sie ihn nicht verstanden hatten: Prophet, Rabbi, Messias, Gottessohn. Am schlimmsten entstellte ihn ein gewendeter jüdischer Pharisäer, der ihn persönlich nie gekannt hatte: Paulus. Er machte aus dem Gesetzlosen einen Schuldlosen im Sinne des Gesetzes, einen, der nicht in der Sünde geboren war, die Adam in die Welt gebracht hatte – und daher fähig, für die Sünden aller andern zu sterben. Seinen Tod nachträglich in den willfährigen Opfergang eines Schuldlosen umzubiegen, der die Schuld aller andern auf sich lud: das ist der Versuch, dem schmählichen Kreuzestod den Stachel zu nehmen, aus einem Weltskandal die Stiftung des Weltsinns zu machen. So wird Jesus nachträglich in das Schuld-Strafe-Schema eingezwängt, das ihm zutiefst fremd war. Gerade Paulus, der vom Skandal des Kreuzes am meisten wußte, hat der Lehre vom Opfertod Christi zum theologischen Sieg verholfen. Daß sie eine kapitale Geschichtsfälschung ist, hat niemand zuvor so deutlich ausgesprochen wie Nietzsche.

Daraus folgert er: Die Quellen sind allesamt gefälscht. Wer Jesus war, erschließt sich einzig durch Psychologie. »Was *mich* angeht, ist der psychologische Typus des Erlösers. Derselbe *könnte* ja in den Evangelien enthalten sein trotz den Evangelien, wie sehr auch immer verstümmelt oder mit fremden Zügen überladen«. Nur wie macht man das: aus lauter gefälschtem Material einen authentischen Typus herausdestillieren? Max Weber hat ein gutes Jahrzehnt später die Soziologie vor eine ähnliche Frage gestellt. Von sozialen und kulturellen Gebilden, etwa von einer feudalen oder kapitalistischen Gesellschaft, vom Judentum oder Christentum kann man überhaupt nicht reden, ohne sie in bestimmter Weise zu stilisieren und sie dabei auf einen Nenner zu bringen, der von vielen ihrer Details absieht. Diesen »Nenner« nennt Weber »Idealtypus«. »Er wird gewonnen durch einseitige *Steigerung eines* oder *einiger* Gesichtspunkte und durch Zusammenschluß einer Fülle von diffus und diskret, hier mehr, dort weniger, stellenweise gar nicht, vorhandenen *Einzel*erscheinungen, die sich jenen einseitig herausgehobenen Gesichtspunkten fügen, zu einem in sich einheitlichen *Gedanken*bilde. In seiner begrifflichen Reinheit ist dieses Gedankenbild nirgends in der Wirklichkeit empirisch vorfindbar, es ist eine *Utopie*, und für die *historische* Arbeit erwächst die Aufgabe, in jedem *einzelnen Falle* festzustellen, wie nahe oder wie fern die Wirklichkeit jenem Idealbilde steht«.[47] Wie

47 Max Weber, *Die ›Objektivität‹ sozialwissenschaftlicher und sozialpolitischer Erkenntnis*, 1904, in: derselbe, Ge-

aber soll diese »Wirklichkeit« ermittelt werden, wenn es keinen Direktzugang zu ihr gibt und man dabei doch wieder auf Begriffe, also typisierende Schemata zurückverwiesen ist? Noch schwieriger wird es, wenn nicht das Typische eines sozialen Gebildes aus einer Fülle von Details herausgehoben werden soll, sondern der Typus eines Individuums aus unzuverlässigen bruchstückhaften Quellen. Was ist daran verallgemeinerungsfähig? An Jesus nichts. Er ist schlechterdings singulär, aber gerade dies Singuläre rechnet Nietzsche zum Typus hoch. Und tatsächlich, es gibt zwei Alleinstellungsmerkmale Jesu: das Gebot der Feindesliebe und das Präsens der Seligpreisungen. Selig *sind* (nicht: werden sein) die Armen, Verfolgten, Friedfertigen etc. Beide Merkmale treffen nur auf Jesus zu, und beide brechen mit den traditionellen jüdischen Vorstellungen, die es nur bis zur Nächstenliebe brachten und die Seligkeit nur als Futur kennen.

Nietzsches »psychologische« Methode besteht nun darin, das, was die Theologie die Menschwerdung, die Inkarnation Jesu nennt, als Verkörperung dieser beiden Merkmale zu imaginieren. Wie wäre einer beschaffen, dem das tatsächlich gelänge? Er wüßte nichts von Schuld und Strafe, von Kultur,

sammelte Aufsätze zur Wissenschaftslehre, J. C. B. Mohr (Paul Siebeck), Tübingen 1988, S. 191

Staat und Institutionen. Er wäre unfähig, sich realitätstüchtig auszudrücken und sich gegen irgendetwas zu wehren, er wäre ohne jedes physische und mentale Immunsystem, aber gerade dadurch mit der Realität eins – gewissermaßen selig. Und dann verwandelt sich dieser Konjunktiv des Gedankenexperiments unversehens in einen Indikativ: Ja, dies ist Jesus tatsächlich gelungen, er *ist* diese Inkarnation: die Fleisch gewordene »reine Thorheit«, die ihn ebenso als »freien Geist« erscheinen läßt, der auf kein Wort oder Dogma fixiert ist, wie als »Idiot«, den keine Kultur und der keine Kultur je erreicht hat. Er ist kein souveräner Mensch, er tanzt nicht, er spielt nicht, er ruht aber auch nicht erhaben in sich,[48] sondern er ist einfach, was er ist: ein personifizierter Ineinanderfall der Gegensätze (*coincidentia oppositorum*) – ebenso wehrlos wie vorbehaltlos, ebenso entrückt wie distanzlos, ebenso morbid-dekadent wie kindlich eins mit sich: »eine ins Geistige zurückgetretene Kindlichkeit«[49] – man könnte ebensogut sagen: eine ins Kindliche zurückgetretene Geistigkeit.

48 Insofern leuchtet seine Stilisierung zum »Buddha auf einem sehr wenig indischen Boden« (AC 202) nicht einmal zu den Konditionen des von Nietzsche entworfenen Typus ein.
49 AC 203

Und alles an ihm, was sich nicht auf die Verkörperung der Feindesliebe herunterbrechen läßt, wird weggewischt – als Fälschung der Evangelien ausgegeben. Nietzsche verfährt wie die Inkarnationstheologie, die alles, was mit dem Bild des Mensch gewordenen sündlosen Gottessohns unvereinbar ist, ausblendet – nur unter umgekehrten Vorzeichen. Alles, was nicht zum »Typus« gehört, ist falsch. Den Typus mit der Wirklichkeit abzugleichen, wie es Weber von der Soziologie verlangte, kommt nicht in Betracht. Der Typus ist der eigentliche Jesus, nicht der historische. »*Nicht* die Wahrheit darüber, was er gethan, was er gesagt, wie er eigentlich gestorben ist: sondern die Frage, *ob* sein Typus überhaupt noch vorstellbar, ob er ›überliefert‹ ist?« Das interessiert Nietzsche einzig noch an den neutestamentlichen Quellen. Der Typus Jesus ist die Zuflucht, die er in ihnen sucht.

Daß der historische Jesus ein Jude war, daß er die messianische Hoffnung und die apokalyptische Endzeiterwartung seines Volkes teilte, hat Nietzsche ignoriert. Aber diese Endzeiterwartung ist das Kraftfeld, worin die Alleinstellungsmerkmale Jesu, die Nietzsche so überscharf herauspräpariert, allererst verständlich werden. Daß »das Reich Gottes nahe herbeigekommen« sei und die Getreuen Israels von allem Elend erretten werde, war unter der drückenden Oberhoheit des römischen Imperiums zu einer Art Volksglauben geworden. Aber *wie* wird es kommen? Vergeltend und genugtuend, sagte der apokalyptische Mainstream von Qumran bis zu Johannes dem Täufer. Nein, sagt Jesus – und *nur* Jesus –, es wird heilend und versöhnend kommen.[50] Das Präsens der Seligpreisungen ist sein Versuch, die unmittelbar bevorstehende, sozusagen schon auf der Schwelle stehende Heilkraft des Reiches Gottes herbeizudrängen. Im Gebot der Feindesliebe wirft sie gleichsam ihren Schatten voraus. Nur eine Liebe, die auch die Feinde einschließt, könnte die Welt von allem Haß heilen. Jesus hat zu ihr aufgerufen. Aber daß er nichts getan habe als sie zu verkörpern, zu leben, das ist Nietzsches Inkarnationsglaube – seine positive, durch keine Fakten gedeckte Theologie. In der bestehenden, unversöhnten Welt ist das Feindesliebegebot unerfüllbar. Auch Jesus war ihm nicht gewachsen. Einlösbar wäre es erst in einer Welt, in der es nicht mehr nötig wäre: in der versöhnten. Es legt die tiefste Schicht der unversöhnten Welt bloß. Aber es ist nicht das Rezept, das davon kuriert. Es ist keine befolgbare Ethik, sondern offenbart das Ungenügen aller Ethik.

50 Ausführlich hierzu Christoph Türcke, *Jesu Traum. Psychoanalyse des Neuen Testaments*, zu Klampen, Springe 2009, S. 88 ff.

Ethik ist immer bloß eine Vorhut. Um durchzusetzen, was Ethik verlangt, anders gesagt, um die Welt rundum gut zu machen, braucht es mehr als Ethik. Die Welt bleibt gottbedürftig, auch wenn es keinen Gott gibt.

Gottbedürftig wollte Nietzsche um keinen Preis mehr sein. Doch der gesundheitliche, zumal nervliche Zustand, in dem er sich gegen Ende des Jahres 1888 befand, machte ihn auf eine ganz besondere Weise jesusbedürftig. Sein Hinterzimmerdasein in fortschreitender Isolation mit ständigen Krankheitsanfällen war so desolat geworden, daß ihm seine große Identifikationsfigur Zarathustra, der von ihm selbst entworfene Idealtypus eines souveränen, mit allen Lebensbedingungen spielenden Menschen, fernzurücken begann. Nietzsche bedurfte wieder der Texte, mit denen er im lutherischen Pfarrhaus aufgewachsen war. Seine Geistigkeit trat ins Kindliche zurück, in eine Befindlichkeit, die es ihm immer schwerer machte, zu dem, was er erlebte, überhaupt noch Distanz zu halten, sich gegen Eindrücke zu wehren. Daher seine »krankhafte Reizbarkeit des Tastsinns«, sein Zurückschaudern vor Berührungen. Er spürte seine zunehmende Unfähigkeit, »dem Bösen zu widerstehen«: der Übermacht äußerer Eindrücke und inneren Leidens. Und in dieser Situation entdeckte er, was er von klein auf kannte, neu:

die Bergpredigt, das Feindesliebegebot, die Seligpreisungen. Jesus wird ihm wieder zum letzten Halt – nicht mehr als Gottessohn, wohl aber als Verkörperung seiner eigenen Lage. Nicht mehr widerstehen können: ist das wirklich das Ende? Ist es nicht vielmehr das Geheimnis der Feindesliebe Jesu, jener »Liebe ohne Abzug und Ausschluss, ohne Distanz«, die einzig das Prädikat »selig« verdient? Daran klammert sich Nietzsche nun. Er deutet seinen eigenen Zustand in einen jesuanischen um – sein Balancieren am seelischen Abgrund in die »evangelische Praktik«[51], die Jesus vorgelebt haben soll: »das Gesammt-Verklärungsgefühl aller Dinge (die Seligkeit)«[52]. Damit tritt die Umwertung in ihr Endstadium. Es wird offenbar, was Umwertung in letzter Instanz ist: Notwehr.

Diese Notwehr läßt nun das Christentum als ein einziges großes Mißverständnis erscheinen. »[I]m Grunde gab es nur Einen Christen, und der starb am Kreuz. Das ›Evangelium‹ *starb* am Kreuz. Was von diesem Augenblick an ›Evangelium‹ heisst, war bereits der Gegensatz dessen, was *er* gelebt: eine ›*schlimme* Botschaft‹, ein *Dysangelium.*«[53]

51 AC 205
52 AC 207
53 AC 211

»Erst wir, wir *freigewordenen* Geister, haben die Voraussetzung dafür, Etwas zu verstehen, das neunzehn Jahrhunderte missverstanden haben, – jene Instinkt und Leidenschaft gewordene Rechtschaffenheit« und »Zucht des Geistes, mit der allein das Errathen so fremder, so zarter Dinge ermöglicht wird«.[54] Mit andern Worten: Neunzehn Jahrhunderte lang lag das Vermächtnis Jesu brach. Dann erst erstand der, der ihm gewachsen war. Erst Nietzsche ist frei und zart genug dafür, er erst vermag »den ergreifenden Reiz einer solchen Mischung von Sublimem, Krankem und Kindlichem zu empfinden«, weil es seine *eigene Mischung* (so die wörtliche Übersetzung von »Idiosynkrasie«) ist. Er ist der erste authentische Jünger, mehr noch: der Wiedergänger Jesu. Erst in Nietzsche vollzieht sich die Wiederkunft Jesu, von der das Urchristentum träumte. *Der Antichrist*: das ist nicht nur eine Schrift, sondern Nietzsche selbst – aber nur, weil Jesus, »der einzige Christ«, selbst schon der Antichrist war. Die Begriffe Christ und Antichrist sind vorab in sich selbst umgewertet.

Nietzsches *Fluch auf das Christentum* ist eine grandiose Segnung Jesu – aus tiefster Not. Der Jesus-Typus, der dabei Kontur gewinnt, ist Nietzsches verkapptes Alter Ego, seine letzte Zuflucht,

54 AC 208

sein letzter Widerstand gegen jenes »Dem-Bösen-nicht-widerstehen-Können«, das er überhand nehmen fühlte. Als »das Böse« ihn dann ganz ergriff, der Wahnsinn ihn vollends hilf- und distanzlos machte, konnte er sich nicht einmal mehr dagegen wehren, sich tatsächlich für diesen Jesus zu halten und zu glauben, der Tag seiner Wiederkunft sei gekommen. Am 3. Januar 1889 schrieb er an Meta von Salis: »Die Welt ist verklärt, denn Gott ist auf der Erde. Sehen Sie nicht, wie alle Himmel sich freuen? Ich habe eben Besitz ergriffen von meinem Reich, werfe den Papst ins Gefängniß und lasse Wilhelm, Bismarck und Stöcker erschießen. Der Gekreuzigte.«[55] Die Unvereinbarkeit des neuen jesuanischen Reichs mit Papstkirche und deutschem Reich ist ihm so offensichtlich, daß ihm das komplett Unjesuanische an der Idee, diese falschen Reiche kurzerhand durch Einsperrung oder Erschießung ihrer Repräsentanten zu beseitigen, gar nicht mehr auffällt. Das wahre Reich ist da. Es harrt nur noch seiner angemessenen Seligpreisung – der musikalischen. An seinen »maestro Pietro«, den Komponisten Peter Gast, schreibt er denn auch am 4. Januar: »Singe mir ein neues Lied: die Welt ist verklärt und alle Himmel

55 NBr 8, Nr. 1239, S. 572

freuen sich. Der Gekreuzigte.«[56] Und als vier Tage später sein Freund Franz Overbeck in Turin eintraf, um ihn nach Basel zu holen, mußte er erleben, wie Nietzsche »in lauten Gesängen und Rasereien am Klavier sich maßlos steigernd, Fetzen aus der Gedankenwelt, in der er zuletzt gelebt hat, hervorstieß, und dabei auch in kurzen mit einem unbeschreiblich gedämpften Tone vorgebrachten Sätzen sublime, wunderbar hellsichtige und unsäglich schauerliche Dinge über sich als Nachfolger des toten Gottes vernehmen ließ, das Ganze auf dem Klavier gleichsam interpunktierend, worauf wieder Konvulsionen und Ausbrüche eines unsäglichen Leidens erfolgten, doch [...] im ganzen überwogen die Äußerungen des Berufs, den er sich selbst zuschreibt, der Possenreißer der neuen Ewigkeiten zu sein, und er, der unvergleichliche Meister des Ausdrucks, war außerstande, selbst die Entzückungen seiner Fröhlichkeit anders als in den trivialsten Ausdrücken oder durch skurriles Tanzen und Springen wiederzugeben.«[57]

Nietzsche, für den der Tanz der Inbegriff der Souveränität gewesen war – mit den Lebensbedingungen tanzen heißt das Leben meistern –, der seinen Zarathustra hatte sagen lassen »Ich würde nur

56 NBr 8, Nr. 1247, S. 575
57 Janz III, 39

an einen Gott glauben, der zu tanzen verstünde«[58] – er phantasierte sich nun, kindisch umherhampelnd, als den Possen reißenden »Nachfolger des toten Gottes«. Das war die letzte und ungeheuerlichste Umwertung in seinem Leben. Sie widerfuhr ihm allerdings bloß noch. Sie war nicht mehr seine Tat, seine Notwehr, sondern deren endgültiger Zusammenbruch. Im Zusammenbrechen aber ließ sie noch einmal aufleuchten, was Umwertung ist: die Angel, in der das Denken sich dreht – sein A und O.

58 ZA 49

# Nietzsches *amor fati*
## Eine Subversion

In der Mitte der 20. Jahrhunderts gab es in Musikerkreisen den hartnäckigen Verdacht: Wer es nötig hat, Schönberg zu spielen, bei dem hat es zu Beethoven und Schubert offenbar nicht gereicht. Einen ähnlichen Verdacht hegte die akademische Philosophie gegenüber der Beschäftigung mit Nietzsche: Wer sich diesem Trümmerhaufen von Aphorismen widmet, worin man zu fast jeder Behauptung auch die Gegenbehauptung finden kann, der ist der gedanklichen Höhe und Stringenz eines Aristoteles, Kant oder Hegel offenbar nicht gewachsen. So wagt heute kaum mehr jemand öffentlich zu sprechen. Nietzsche hat sich akademisch durchgesetzt. Zwar ist es noch nicht so weit, daß Lehrstühle für seinen Zarathustra eingerichtet sind, wie er in seiner bereits vom Größenwahn gezeichneten Schrift *Ecce Homo* halluzinierte. Aber die Nietzsche-Gesellschaften und der internationale akademische Nietzsche-Diskurs blühen.

Das hat freilich seinen Preis. Auch Nietzsche bekommt allmählich, was Max Frisch »die durchschlagende Wirkungslosigkeit eines Klassikers«[59] genannt hat. Was wird im subventionierten Schonraum der Universitäten, Stiftungen, Kulturinstitute nicht alles diskutiert, ohne für den Alltag irgend von Belang zu sein. Warum soll es dem Nietzsche-Diskurs anders ergehen als dem Hegel- oder Kant-Diskurs? Die Systemtheorie beschreibt ja wunderschön, wie das geht: Nietzsche und ... (hier kann man nun nach Belieben einsetzen: Sokrates, Kant, Schopenhauer, Wagner, die Kunst, Europa, das fernöstliche Denken etc. etc.). Um solche Themen bilden sich sogenannte Zitierkartelle, bestehend aus Interpreten, die im Wetteifer um die richtige Textauffassung einander kritisieren oder bestätigen. Kartelle spielen sich ein zu Diskursen. Wo ein Diskurs ist, ist meistens auch ein Verlag, oft auch Geld für Tagungen, Zusammenkünfte, auf denen der Diskurs sich weiter verselbständigt, bis er schließlich derart im eigenen Saft schmort, daß er seine nächsten nichtakademischen Verwandten nicht mehr kennt: Diskurse, die sich spontan um wirkliche Brennpunkte des gegenwärtigen sozialen

59 Max Frisch, *Der Autor und das Theater*, in: derselbe, *Öffentlichkeit als Partner*, Suhrkamp, Frankfurt am Main 1967, S. 68 f.

Lebens bilden, Diskurse, in denen verhandelt wird, was eigentlich seine Sache wäre.

Um die Jahrtausendwende gab es eine heftige Debatte über einen Film, der die bewährten politisch-moralischen Muster der Vergangenheitsbewältigung zum Tanzen brachte. Diese Debatte war ein Nietzsche-Diskurs – viel aktueller als der akademische. Nur wußten diejenigen, die da mitredeten, wenig von Nietzsche. Und Nietzsche-Kenner redeten nicht mit. Der Name Nietzsche kommt nämlich im ganzen Film nicht vor. Sein Referenzphilosoph ist ein anderer. Dessen Name fällt, als der Hauptdarsteller und sein Freund in eine Situation geraten sind, wo sie sich ein Bett teilen müssen. Sie legen sich zur Nachtruhe. Eben hat der Freund noch eine Frage gestellt. Sekunden später schläft er tief, ohne die Antwort abzuwarten. Später behauptet er, Schopenhauer habe ihn dazu befähigt. »Er sagt, mit dem Willen kannst du alles schaffen: ›Ich bin, was ich sein will …‹, und jetzt will ich einer sein, der schläft. Innerlich habe ich mir gesagt: ›Ich schlafe, ich schlafe, ich schlafe!‹ Und schon war ich eingeschlafen!«[60]

Das ist selbstverständlich ein karikierter Schopenhauer. Der echte hätte sich verbeten, daß man

60 Roberto Benigni/Vincenzo Cerami, *Das Leben ist schön*, Suhrkamp, Frankfurt am Main 1998, S. 35

den Willen, wie er ihn verstand, nämlich als Motor des ganzen Weltprozesses, derart auf ein Medium der Selbsthypnose verkürzt. Aber es gab einen Schopenhauerianer, dem diese Verkürzung als gelungene Zuspitzung erschienen wäre: Nietzsche. Selbsthypnose? Ja, das ist gerade der Witz am Willen. Man kann das Verhältnis von Schopenhauer und Nietzsche durchaus auf diesen Punkt bringen: die Umwertung des Willens. Was der eine als Karikatur erachtet hätte, ist für den andern die höhere Pointe. Als junger Mann stand Nietzsche ja ganz im Bann von Schopenhauers Willenskonzeption. Aber je erfahrener er wurde, desto hohler erschien sie ihm. Ein Weltwille, der in allem strebt und webt, was sich bewegt: ist der nicht ein leeres, abstraktes metaphysisches Prinzip? Ein Absehen davon, daß »etwas wollen« stets so viel heißt wie »etwas durchsetzen wollen« und damit: »*sich* durchsetzen wollen«: über Widerstände Herr werden wollen, und seien sie noch so klein und banal wie morgens die Müdigkeit, wenn der Wecker klingelt.

Wille zur Macht: der treibt nicht erst sogenannte Machtmenschen wie Cäsar und Napoleon; er regt sich in jedem Arbeitnehmer, der morgens aufsteht, in jedem Kaffeetrinker, der die Tasse zum Munde führt, nur auf so banale Weise, daß er es selbst nicht merkt und es der Rede ja auch nicht wert ist. Aber gerade am Kleinsten, am Unscheinbarsten, am Zartesten muß man studieren, was Wille zur Macht ist, wenn man seine groben welthistorischen Fälle begreifen will. Und dann stellt sich heraus: Wille ist nie etwas anderes als Wille zur Macht: der Versuch, etwas durchzusetzen – sich durchzusetzen. Ganz falsch, ihn sich als ein bewegendes Prinzip vorzustellen, das hinter der Erscheinungswelt steht wie ein Motor hinter der Bühnenkulisse, oder als eine Art seelisches Organ, das zum Wollen befähigt wie das Auge zum Sehen. Der Wille ist keine Instanz, die etwas tut, sondern ein Tun, das sich selbst komponiert, ohne zu wissen, woraus; das sich selbst eine Richtung und einen Zusammenhalt gibt, ohne zu wissen, wie. Sein Drängen ist »eine tausendfache Complexität«, die wir »als Einheit empfinden«, weil uns für sie »alle feineren Organe abgehen«[61]. Aber diese Einheit ist eine Selbsttäuschung; wir suggerieren sie uns. Was Menschen ihr Selbst nennen, ist bloß ein Kräfteparallelogramm diffuser und divergierender Trieb- und Affektregungen, das ihnen nachträglich erscheint, als wäre es ein eigenes Seelenvermögen: ihr Wille. Den setzen sie dann als eine dritte Seelenkraft neben die Triebe und den Intellekt und reden sich ein, wenn Wille und Intellekt gemeinsam auf dem Kutschbock der

61 NF (1887–1889) 329

Seele säßen und die Triebe am Zügel führten, dann würde das Denken vernünftig und das Handeln moralisch.

Alles Fiktion, sagt Nietzsche. Es gibt diesen Kutschbock gar nicht. Von drei Grundkräften der Seele kann keine Rede sein. Was wir »Wollen« und »Erkennen« nennen, ist »nur ein gewisses Verhalten der Triebe zueinander«[62], die sogenannte Seele lediglich ein Kampfplatz von Triebregungen, was in der Philosophie »Selbstbestimmung« heißt, nur ein Idealfall von Selbsthypnose. Anders gesagt: Unser sogenannter Wille ist nur das konstanteste Produkt unserer Autosuggestion. Unsere alltäglichen Willensakte wären also Suggestivakte, unser Weltverhältnis ein hypnotisches Verhältnis? Allerdings, sagt Nietzsche. Ohne einen Schuß Hypnose können wir nichts erfassen, nichts verdauen, nichts verändern. Und wie sollten wir uns eine Vorstellung, einen Begriff von lebendigen Dingen machen, ohne sie zu fixieren und in jenen gespenstischen Zustand zu versetzen, den wir dann Abstraktion nennen? Nur merken wir im Alltag gewöhnlich nicht, dass wir das tun. Erst am Extremfall stößt es uns auf. Und der Film, um den es hier gehen soll, tut nichts, als einen hypnotischen Extremfall durchzuspielen.

62 FW 559

Ich weiß nicht, warum er Schopenhauer als Referenzphilosophen nennt. Denn schon der Titel ist in genauem Nietzscheschen Sinn suggestiv-hypnotisch: *Das Leben ist schön*. Das als Überschrift für die Geschichte einer jüdischen Kleinfamilie, die aus Italien in ein deutsches KZ verschleppt wird: könnte die Provokation größer sein? Und doch macht er nur ernst mit dem, was Nietzsche unter *amor fati* versteht: »dass man Nichts anders haben will, vorwärts nicht, rückwärts nicht, in alle Ewigkeit nicht. Das Nothwendige nicht bloss ertragen, noch weniger verhehlen [...], sondern es lieben .«[63] Das drehte schon vor einem Jahrhundert einigen den Magen um. Bloß das nicht, hielt etwa die sozialistische Kritik Nietzsche entgegen. Schlimm genug, wenn wir gegen die Verhältnisse, so wie sie nun einmal sind, so wenig unternehmen können, daß sie uns als Schicksal drücken. Aber dies Schicksal auch noch lieben? Das ist pervers.

Krasser kann man kaum mißverstehen, was mit *amor fati* gemeint ist: gerade nicht braves Hinnehmen von allem, was geschieht, sondern die Verwandlung der Hinnahme in eine eigene Veranstaltung. Der Kunstgriff des *amor fati* ist ein emotional-mentaler Judogriff, der die Kraft des Gegners aufnimmt, ihren Schwung verstärkt und

63 EH 297

sie dabei umwendet zu einer Kraft über den Gegner. Wo *amor fati* ist, da ist Umwendungskunst. Sie ist für Nietzsche identisch mit Kunst überhaupt, denn Kunst ist, so sagt er, »die Realität noch einmal, nur in einer Auswahl, Verstärkung, Correctur ... Der tragische Künstler ist kein Pessimist – er sagt gerade Ja zu allem Fragwürdigen und Furchtbaren selbst«.[64] Der wahre Künstler ist Lebenskünstler – gerade durch sein entwaffnendes Ja-Sagen und Ja-Tun.

Im Film *Das Leben ist schön* entdecken Buchhändler Guido und sein Sohn Giosuè, kurz vor ihrer Verschleppung ins KZ, beim Gang durch die Stadt in einem Konditoreifenster das Schild »Für Juden und Hunde Eintritt verboten«. Daraufhin entspinnt sich folgendes Gespräch. »Warum dürfen Juden und Hunde da nicht rein, Papa? – Na, sie wollen eben keine Juden und Hunde. Jeder wie er mag. Dahinten gibt es ein Geschäft, einen Eisenwarenladen ... Da lassen sie keine Spanier und keine Pferde rein. Und Dingsbums ... der Apotheker, gestern war ich mit einem Freund bei ihm ... mit einem Chinesen, der hat ein Känguruh: ›Nein, Chinesen und Känguruhs dürfen hier nicht rein!‹ Er mag sie nicht. – Aber wir lassen alle rein! – Nein, ab morgen schreiben wir es auch

64 GD 79

dran. Wen magst du nicht? – Spinnen! Und du? – Ich? Die Westgoten! Und morgen schreiben wir: Für Spinnen und Westgoten Eintritt verboten. … Mir reicht's jetzt! Ich hab die Nase voll von diesen Westgoten!«[65]

Ja sagen zu einem menschunwürdigen Verbot, es durch eine »Auswahl, Verstärkung, Correctur« so übersteigern, daß es schließlich als ein begossener Pudel dasteht: das ist vernichtender als jeder Empörungsausbruch. Und wie hier im Detail, so verfährt der Film insgesamt. Das Vernichtungslager wird durch Ja-Sagen ad absurdum geführt. Am Geburtstag des kleinen Giosuè werden sie verschleppt, und der Vater Guido suggeriert dem Geburtstagskind, er habe extra einen Geländeausflug mit einem großen Spiel organisiert, bei dem es darauf ankomme, tausend Punkte zu erreichen. Die ganze Zeit im Lager hält er seinen Sohn in dem Glauben, hier werde nur das ominöse Spiel fortgesetzt und sie seien kurz vor dem Hauptgewinn – einem Panzer. Nur dank dieser Suggestion, für die sich der Vater schließlich aufopfert, überlebt der Sohn – in einem Versteck, das die das Lager verlassenden Nazis nicht bemerken. Kaum aber daß er daraus wieder hervorkriecht, da biegt auch schon der erste Panzer der Alliierten ein. Der

65 Roberto Benigni/Vincenzo Cerami, l. c., S. 107 f.

Hauptgewinn kommt wirklich auf ihn zugefahren, und der Panzerführer hebt das beglückte Kind zu sich herauf.

Freilich, einen solchen Schluß gibt es nur im Film. Im wirklichen KZ hätte die Suggestion keinen halben Tag gehalten. Aber das unterstellt der Film auch nicht. Er beansprucht keine realistische Darstellung eines Vernichtungslagers. Er nimmt das KZ vielmehr als das, was es im öffentlichen Bewußtsein und Diskurs geworden ist: als einen zum Kürzel geronnenen, festen, jederzeit abrufbaren Inbegriff modernen Grauens. Diesen Inbegriff macht er zur Bewährungsprobe des *amor fati*. Den KZ-Alltag als aufregendes Tausend-Punkte-Spiel ansehen heißt, ihn mit Liebesaugen ansehen, heißt, ihn in bestimmter Hinsicht durchdringender ansehen als jeder analytische Blick für die Fakten – ganz im Sinne von Paul Klees Ausspruch: »Kunst gibt nicht das Sichtbare wieder, sondern macht sichtbar.«[66]

Der Liebesblick auf den KZ-Alltag ist ein Kunstblick und insofern unwirklich. Wer Insasse war, kann so artistisch, so artifiziell nicht blicken. Und es gab ehemalige KZ-Häftlinge, die sich durch diesen Blick, diesen Film verletzt fühlten. Sie hielten ihn für leichtfertig. Aber sie bedachten nicht, daß

66 Paul Klee, *Kunst-Lehre*, Reclam, Leipzig 1987, S. 60

historische Ereignisse, so tief und traumatisch sie sich den von ihnen unmittelbar Betroffenen auch eingegraben haben, damit dennoch nicht ein für allemal feststehen. Sie entwickeln ihre eigene Geschichte. Für die folgende Generation sind sie nicht mehr genau dasselbe wie für die Betroffenen selbst, nicht zu reden von der Enkel- und Urenkelgeneration. Das Geschehene droht nicht nur zu verblassen. Es droht auch zu versteinern. Und diejenigen, die das Privileg der Distanz zu den ungeheuerlichen Ereignissen haben, die die Gnade der späten Geburt genießen, haben auch eine besondere Verantwortung dafür, daß der Inbegriff modernen Grauens nicht zum Monument, zum Klischee, zur Moralkeule oder zur Floskel erstarrt.

Der Film *Das Leben ist schön* hat etwas gewagt, wozu es nicht nur Mut braucht, sondern Übermut; er hat versucht, dem KZ-Klischee durch seinen Liebesblick neues Leben mitzuteilen. »Kein Ding geräth, an dem nicht der Übermuth seinen Theil hat«, heißt es bei Nietzsche.[67] Das gilt auch für jede Vergangenheitsbewältigung. Sie braucht ebenso Historiker wie Künstler, ebenso rückhaltlose Dokumentation dessen, was war, wie ungegängelte Phantasie für den weiteren Umgang mit dem Gewesenen. In *Das Leben ist schön* wird der

67 GD 57

Übermut zum Anwalt all der humanen Regungen, die das KZ auch noch über seine Dauer hinaus abzutöten droht. Woran sollen sich die noch freuen, die überlebt haben? Nicht wenige hielten das Leben danach nicht mehr aus und legten Hand an sich. Primo Levi und Jean Amery sind nur die bekanntesten. Und selbst die nachfolgenden Generationen: Wenn sie vom dem Gedenken an das, was ihren Vorfahren widerfuhr, völlig absorbiert bleiben – was bleibt ihnen noch an Freude? Brecht hatte ja mit seinem Gedicht *An die Nachgeborenen* nicht ganz unrecht: »Was sind das für Zeiten, wo ein Gespräch über Bäume fast ein Verbrechen ist, weil es ein Schweigen über so viele Untaten einschließt!«[68]

Im Licht des KZ, wo das arglose Gespräch über Bäume, die Freude über erste Krokusse oder letzte Sonnenstrahlen, das Schwelgen in Musik oder ein ausgelassener Tanz allesamt fast wie Verbrechen anmuten – gerade da tritt die ungeheure Umwertungsaufgabe des *amor fati* voll hervor. Es geht um nichts Geringeres, als diese Quasi-Verbrechen umzuwenden in Impulse der Verbrechensbekämpfung, damit die Untaten nicht auch noch postum siegen und für immer alle Lebensfreude

68 Bertolt Brecht, *An die Nachgeborenen*, Die Gedichte in einem Band, Suhrkamp, Frankfurt am Main 1981, S. 723

ausradieren. Die Untaten wenigstens nachträglich überwältigen, wenn es schon an Ort und Stelle unmöglich war; ihnen wenigstens das Nachleben streitig machen: das ist das Programm des *amor fati*.

Läuft das nicht aber auf hemmungslosen Geschichtsrevisionismus hinaus? Was geschehen ist, ist geschehen. Es läßt sich nicht rückgängig machen. Nicht einmal Gott kann das, sagten die mittelalterlichen Theologen. Hier hat auch seine Macht eine Grenze. Ganz in diesem Sinne hat Max Horkheimer am 16.3.1937 einen Brief an Walter Benjamin zur Frage der Unabgeschlossenheit der Geschichte geschrieben. »Die Feststellung der Unabgeschlossenheit ist idealistisch, wenn die Abgeschlossenheit nicht in ihr aufgenommen ist. Das vergangene Unrecht ist geschehen und abgeschlossen. Die Erschlagenen sind wirklich erschlagen ... Nimmt man die Unabgeschlossenheit ganz ernst, so muß man an das jüngste Gericht glauben ... Vielleicht besteht in Beziehung auf die Unabgeschlossenheit ein Unterschied zwischen dem Positiven und Negativen, so daß nur das Unrecht, der Schrecken, die Schmerzen der Vergangenheit irreparabel sind. Die geübte Gerechtigkeit, die Freuden, die Werke verhalten sich anders zur Zeit, denn ihr positiver Charakter wird durch die Vergänglichkeit weitgehend negiert. Dies gilt zunächst im individuellen Dasein, in welchem nicht das Glück, sondern das Unglück durch den Tod besiegelt wird.«[69]

Das ist eine der härtesten Stellen bei Horkheimer. Dennoch streitet er die Unabgeschlossenheit der Geschichte nicht pauschal ab, wie er übrigens auch den Gedanken des jüngsten Gerichts nie ganz fallen gelassen hat. Die Zukunft ist auch für ihn offen. Nur das Geschehene erklärt er für nicht mehr revidierbar. Gerade damit aber wollte sich Benjamin nicht abfinden. Er hält Horkheimer entgegen, »daß die Geschichte nicht allein eine Wissenschaft sondern nicht minder eine Form des Eingedenkens ist. Was die Wissenschaft ›festgestellt‹ hat, kann das Eingedenken modifizieren. Das Eingedenken kann das Unabgeschlossene (das Glück) zu einem Abgeschlossenen und das Abgeschlossene (das Leid) zu einem Unabgeschlossenen machen. Das ist Theologie; aber im Eingedenken machen wir eine Erfahrung, die uns verbietet, die Geschichte grundsätzlich atheologisch zu begreifen, so wenig wir sie in unmittelbar theologischen Begriffen zu schreiben versuchen dürfen.«[70]

69 Max Horkheimer, zitiert nach Walter Benjamin, *Das Passagen-Werk*, Gesammelte Schriften (ed. Tiedemann/Schweppenhäuser), Band V.1, Suhrkamp Frankfurt am Main 1982, S. 588 f.
70 Op. cit., S. 589

Im *Passagen-Werk* ist das bloß eine behauptende Notiz, die wenig erklärt. Ihre Ausarbeitung findet sich in Benjamins *Geschichtsphilosophischen Thesen*. Ihre Zentralfrage lautet: Wie kann aus der Geschichte etwas anderes werden als sie war? Antwort: durch Eingedenken. Das ist ein Benjaminsches Kunstwort, in dem Eingreifen, Innehalten und Gedenken semantisch ineinanderfließen. Sein Ort ist die historische Zäsur. Wo immer verheißungsvoll etwas Neues ins Leben eintritt, wird erst durch Eingedenken seine ganze Tragweite offenbar. So werden Neugeborene nicht nur von ihren nächsten Angehörigen erwartet, sondern von allen vorangegangenen Generationen. All das Beglückende und Gute, das den Verstorbenen verwehrt blieb, richtet sich als Erwartung an die, die jetzt zur Welt kommen. Wenn die Neuen, die Lebenden sich dieser Erwartung öffnen, werden sie von ihr beflügelt. Es wird ihnen »eine *schwache* messianische Kraft mitgegeben, an welche die Vergangenheit Anspruch hat«.[71] Die Toten werden durch Eingedenken noch einmal lebendig. Ihre unerfüllten Erwartungen werden den Lebenden zum Rückenwind der Geschichte. Nur Menschen, die durch Eingedenken aus der Geschichte eine

71 Walter Benjamin, *Über den Begriff der Geschichte*, Gesammelte Schriften, l. c., Band I.2, 1974, S. 694

wendende Kraft ziehen, sind nach Benjamin stark genug, das Grauen der Gegenwart zu wenden. Den Toten nachträglich Gerechtigkeit widerfahren zu lassen, ist nicht ein Akt bürgerlicher Pietät, sondern ein unentbehrliches Stärkungsmittel für den gegenwärtigen Kampf. Wie Nietzsches *amor fati* wirft auch Benjamins Eingedenken einen Liebesblick auf vergangenes Grauen und will ihm das letzte Wort nicht lassen.

»Das ist Theologie«, gesteht Benjamin, und man darf hinzufügen: eine sehr häretische Theologie. Sie mutet Menschen zu, was Gott zugedacht war. Wenn *er* die Vergangenheit nicht wendet, ja wenn es womöglich gar kein jüngstes Gericht gibt, dann müssen eben Menschen an seiner Stelle tätig werden. Einzelne sind dazu zu schwach. Nur gemeinsam haben sie eine Chance, und das heißt für Benjamin: im Klassenkampf. Ihm soll die »schwache messianische Kraft« zugute kommen. Klassenkampf war freilich nichts für Nietzsche. Als geschworener Individualist erwartete er von Klassen, Schichten, Gruppen immer nur Verdurchschnittlichung und Herdenmentalität, immer nur Schwächung, nie Stärkung der das Fatum wendenden Kräfte. Und Benjamin? Der schwor zwar dem bürgerlichen Individualismus ab, aber er war unfähig, ihn loszuwerden. Beim Klassenkampf war er nie mehr als ein Zaungast – völlig ungeeignet für die Rolle eines politischen Agitators; ein versprengtes gelehrtes Individuum wie Nietzsche und kaum weniger einsam als dieser.

Zweifellos ist *amor fati* ebenso eine theologische Kategorie wie das Eingedenken. Das Fatum, das Verhängnis derart lieben, daß das liebende Ja zu ihm zur Errettung *von* ihm wird: wie sollen Menschen dazu imstande sein – egal, ob als Individuen oder als Gruppe? Das verrät auch Nietzsche nicht. Er läßt seinen Zarathustra lediglich raunen: »Die Vergangnen zu erlösen und alles ›Es war‹ umzuschaffen in ein ›So wollte ich es!‹ – das hiesse mir erst Erlösung!«[72] Aber er gibt zu verstehen, daß er die vorfindliche Menschheit zu einer solchen Erlösung für unfähig hält. Es fehlt ihr die höhere Willenskraft, die Kraft zum liebenden »So wollte ich es«. Wo aber soll die herkommen, wenn kein Gott sie verleiht? Die Idee einer solchen Liebesmacht verlangt mehr als nur einen Übermenschen. Sie verlangt einen Allmächtigen, einen Gott, wie ihn das Johannesevangelium vorstellt. »Also hat Gott die Welt geliebt, dass er seinen eingeborenen Sohn gab, auf dass alle, die an ihn glauben, nicht verloren werden, sondern das ewige Leben haben.«[73]

72 ZA 179
73 Johannes 3,16

Eine solche Liebe Gottes zur Welt, die das Sündenverhängnis, in das sie sich selbst verstrickt hat, durch seinen Sohn rettend auflöst – sie erst wäre das Erfolgsmodell des *amor fati*. Doch wie sagt Nietzsche: »Der *Erfolg* war immer der grösste Lügner«.[74] Der wirkliche *amor fati* wohnt bei den Erfolglosen, den Unterdrückten, Leidenden, Gottverlassenen – bei denen, die ihn am nötigsten haben. Und Nietzsche hatte ihn sehr nötig. Bei ihm schwebt *amor fati* nicht *in excelsis*, in höheren Höhen. Er kommt *de profundis*: aus tiefer Not. Er bewegt sich – wie das Eingedenken – immer auf dem schmalen Grat zwischen Größenwahn und platter Identifikation mit dem Angreifer. Nur in besonderen Momenten – an historischen Zäsuren oder Wendepunkten – ist *amor fati* weder das eine noch das andere: immer dann, wenn die Not am größten ist oder, in einer anderen Terminologie gesagt, wenn eine revolutionäre Situation herrscht. Zum Besseren führen Revolutionen nur, wo sie wirklich aus Notwehr hervorgehen.

Notwehr ist übrigens auch die Situation, aus der die Judogriffe hervorgegangen sind. Wer in Notwehr über sich hinauswächst, lebt tatsächlich über seine Verhältnisse. Aber ob Größenwahn in seinem Tun steckt, und wenn ja, wie viel, ist ihm

74 NW 434

egal. Es geht ihm lediglich darum, das Notwendige zu tun, die Not zu wenden. Er schielt dabei nicht nach Höherem: weder nach einem höheren Status noch nach Idealen, die sein Tun überwölben. Er tut einfach nur, was er nicht lassen kann. Wie Benjamin trotz seiner Option für den proletarischen Klassenkampf vom bürgerlichen Individualismus nicht loskam, so blieb Nietzsche trotz vehementer Ablehnung sozialer Revolutionen ein Seismograph dafür, was eine revolutionäre Situation ausmacht. Benjamin und Nietzsche stehen als empirische Personen ganz ähnlich zueinander wie ihre Begriffe Eingedenken und *amor fati*. Man ist versucht, von *coincidentia oppositorum* (Ineinanderfall der Gegensätze) zu sprechen.

Vor einigen Monaten haben Kämpfer des islamistischen IS einige ihrer christlichen Gefangenen vor laufender Kamera gekreuzigt und Bilder davon um die Welt gehen lassen. Die Ungeheuerlichkeit dieser Handlung bestand nicht nur in ihrer demonstrativen Grausamkeit, sondern auch in ihrem symbolischen Gehalt. Sie verband nicht nur die Ermordung von vermeintlichen oder wirklichen Gegnern mit deren globalisierter Verhöhnung. Sie hatte auch eine historische Dimension. In seinen Gläubigen sollte Jesus von Nazareth selbst noch einmal gekreuzigt werden. Alle Welt sollte wissen: Es geschah ihm recht, daß er gekreuzigt wurde. Das Christentum soll als Wahrzeichen der korrupten westlichen Weltmacht mit Stumpf und Stiel ausgerottet werden. Dazu aber gehört auch das Ausreißen seiner historischen Wurzel. Was den Römern bei der Kreuzigung Jesu mißlang, will der IS zwei Jahrtausende später nachholen. Das ist ein Versuch nachträglicher Umwendung der Geschichte: durchaus ein Eingedenken, allerdings in äußerster Perversion – und mit instinktsicherem Griff nach der Wurzel des Christentums. Denn es stimmt ja: Das Christentum ist seinerseits aus einer epochalen Umwendung hervorgegangen. Jesus war von all seinen Jüngern verlassen worden. Aber nach einer gewissen Inkubationszeit erschien ihnen der Gekreuzigte als Retter. Sie begannen ihn nachträglich mit göttlichen Hoheitsprädikaten zu überwölben. Dennoch entsprang diese Überhöhung einem humanen Anfangsimpuls: der furchtbaren Kreuzigung nicht das letzte Wort zu lassen. Das war Eingedenken, *amor fati* – durchaus mit der Neigung zum Größenwahn, die im *amor fati* nun einmal steckt. Die jüngste Christenkreuzigung hingegen hat eine epochale Rückabwicklung im Sinn. Sie versucht, eines der wenigen zarten Pflänzchen des Eingedenkens, die in der Geschichte immerhin Wurzeln geschlagen haben, wenn auch von viel Unkraut überwuchert, nachträglich zu ersticken. Die Christenkreuzigung ist gerade mit der Macht im Bunde, die sie zu bekämpfen glaubt. Sie praktiziert mit voller Konsequenz, was Dostojewskis Großinquisitor vorgedacht hat, als er den nach Spanien zurückgekehrten Jesus wissen ließ: Dir ist recht geschehen, als du gekreuzigt wurdest; die Kirche, die in deinem Namen triumphiert, erträgt dich nicht. Die IS-Kämpfer sind postume Schergen des Großinquisitors. Sie setzen auf islamistische Weise das Werk der triumphierenden Kirche fort.

Diabolisch wird *amor fati* dort, wo er in den *amor sui* (die Selbstliebe) von Siegermächten umschlägt, die alles, was ihrer Durchsetzung den Weg verhängt, für das Verhängnis halten, das sie wenden müssen. Doch das ist die äußerste Perversion dessen, was Nietzsche vorschwebte. Sein *amor fati* wohnt bei den Gottverlassenen, Ohnmächtigen, Leidenden. Er ist ihre *ultima ratio* – das Letzte, was ihnen noch übrigbleibt, um einer gemeinen Übermacht weder zu erliegen noch so gemein zu werden wie sie. Freilich, Untaten wie die Christenkreuzigung machen erst einmal fassungs- und sprachlos. Aber sie verlangen auch, dass man sich ihnen stellt: ihnen nicht nur mit Taten entgegentritt, sondern auch mit Worten, die wie tiefe Nadelstiche treffen. Solche Worte liegen nicht sogleich bereit. Auch hier bedarf es einer Inkubationszeit – und mehr als nur Mut. Selbst hier gilt:

»Kein Ding geräth, an dem nicht der Übermuth seinen Theil hat.« Zu diesem Übermut freilich, der das gerade Gegenteil von Leichtfertigkeit ist, der vielmehr aus Trauer und Fassungslosigkeit entspringt, müssen wir erst noch reif werden.

# Der lange Schatten der Kindheitsschuld
## Nietzsches Verwurzelung in Röcken

Gedenkrede zu Nietzsches Todestag
in der Kirche zu Röcken am 28. August 2016

Am 24. Oktober 1844 erklangen hier, in diesem Raum, an dieser Stelle, die folgenden Worte: »Du gesegneter Monat Oktober, in welchem mir in den verschiedenen Jahren alle die wichtigsten Ereignisse meines Lebens geschehen sind, das, was ich heute erlebe, ist doch das Größeste, das Herrlichste, mein Kindlein soll ich taufen! O seliger Augenblick, o köstliche Feier, o unaussprechlich heiliges Werk, sei mir gesegnet im Namen des Herrn! – Mit dem tiefbewegtesten Herzen spreche ich es aus: So bringt mir denn dies mein liebes Kind, daß ich es dem Herrn weihe. Mein Sohn, Friedrich Wilhelm, so sollst du genennet werden auf Erden, zur Erinnerung an meinen königlichen Wohltäter, an dessen Geburtstag Du geboren wurdest.« Mit diesen Worten wurde Friedrich Nietzsche von seinem Vater, dem Pastor Karl Ludwig Nietzsche, getauft.

»Ein liebenswürdiger, für sein Amt erwärmter Mann und wohlbegabter Katechet und Prediger«: so war Pastor Nietzsche von seinem Vorgesetzten beurteilt worden. Nur das Pathos des wohlbegabten Predigers war selbst dem Herrn Konsistorialrat »etwas zu viel«[75]. Aber gerade dies Pathos hat auf den kleinen Friedrich tief eingewirkt. Der Vater hat sich vor allem klanglich in ihm sedimentiert. »Ganz hingerissen war das Kind«, wie die Mutter berichtet, »wenn der Vater am Klavier saß und phantasierte. Schon als Einjähriger richtete sich der kleine Fritz, wie ihn alle nannten, dann in seinem Wagen auf, horchte mäuschenstill und wandte kein Auge vom Vater.«[76] Auch die einzige bewußte Erinnerung an ihn, die der Sohn später als Halbwüchsiger notiert hat, ist klanglich codiert. »Wohl kann ich mich noch erinnern, wie ich einstmals mit dem lieben Vater von Lützen nach Röcken ging und wie in der Mitte des Weges die Glocken mit erhebenden Tönen das Osterfest einläuteten. Dieser Klang tönt so oft in mir wieder und Wehmuht

75 Janz I, 42
76 Janz I, 43

trägt mich sodann nach den fernen, theuren Vaterhause hin.«[77]

Nietzsche war fünf, als der Vater 36jährig starb. Einer eigenen Realitätsprüfung hat er ihn nicht unterziehen können. Was blieb, war das Pathos der väterlichen Zuwendung, das der Sohn tatsächlich erlebt hatte, und das überhöhte Andenken an ihn, das von der Mutter, der Großmutter und zwei Tanten, die alle mit im Pfarrhaus wohnten, angelegentlich gepflegt wurde. Beides zusammen entrückte den Vater in die Dimension eines seraphischen Klangs, der auch dann nicht aufhörte, den Sohn zu umschweben, als dieser längst Radikalkritiker und Gott-Verneiner war. Noch als Vierzigjähriger spricht er in einem Brief an Franz Overbeck von »der *außerordentlichen* Natur meines Vaters, den alle, die ihn kannten, mehr zu den ›Engeln‹ als zu den ›Menschen‹ gerechnet haben«[78].

Es starb jedoch nicht nur der Vater. Ein halbes Jahr später starb, gerade zweijährig, auch Nietzsches Bruder Joseph. In der Nacht zuvor aber hatte Friedrich einen Traum, den er acht Jahre später so notierte: »Ich hörte in der Kirche Orgelton wie beim Begräbnis. Da ich sah, was die Ursache wäre,

77 Friedrich Nietzsche, *Aus meinem Leben*, 1858, KGA I, 1, S. 282 f.
78 Janz I, 44

erhob sich plötzlich ein Grab und mein Vater im Sterbekleid entsteigt demselben. Er eilt in die Kirche und kommt in kurzem mit einem kleinen Kinde im Arm wieder. Der Grabhügel öffnet sich, er steigt hinein und die Decke sinkt wieder auf die Öffnung. Sogleich schweigt der rauschende Orgelschwall, und ich erwache. – Den Tag nach dieser Nacht wird plötzlich Josephchen unwohl, bekommt Krämpfe und stirbt in wenigen Stunden. Unser Schmerz war ungeheuer. Mein Traum war vollständig in Erfüllung gegangen.«[79]

Vierzehn war Nietzsche, als er dies seinen ersten autobiographischen Aufzeichnungen anvertraute. Daß er später nie mehr darauf zurückkam, wird schwerlich daran gelegen haben, daß ihm diese Begebenheit zu unbedeutend gewesen wäre. Es gibt Dinge, die *zu* bedeutend sind, als daß man sie je noch einmal wiederholen möchte, und es spricht viel dafür, daß der Traum des sechsjährigen Friedrich zu ihnen gehört hat. Man halte sich nur einmal das hochsensible Pastorenkind vor Augen, dem ein liebevoller Vater behutsam-pathetisch die lutherische Lehre vom väterlichen Gott eingeprägt hat, vor dem wir alle Sünder sind und nur Gnade finden, wenn wir uns ihm im Glauben an die rettende Opfertat seines Sohnes zerknirscht anvertrauen.

79 Janz I, 47

Nun stirbt dieser Vater, der familiäre Bürge für die göttliche Gnade, nach langer, persönlichkeitsverändernder »Gemüts«krankheit. Der göttliche Vater zeigt sich nicht gesonnen, den irdischen Vater wiederherzustellen. Ein halbes Jahr später stirbt das Brüderchen, und in der Nacht zuvor dieser Traum. Konnte das Kind diesen Ereignisablauf anders erleben als ihm von höherer Hand direkt persönlich zugefügt? »Unser Schmerz war ungeheuer«. Für Mutter und Schwester mochte das bedeuten: Er war tief und heftig. Für Friedrich selbst bedeutete es mehr: »Dieser Schmerz ist ein Ungeheuer.« Er bestand nämlich nicht nur in einem Verlustgefühl. Er enthielt zudem eine furchtbare Anklage: Dein Traum ist in Erfüllung gegangen; du hast deinen Bruder totgeträumt; du bist schuld.

Mit dieser Anklage war das Kind allein; sei es, daß es noch gar nicht in der Lage war, Worte für sie zu finden, sei es, daß in seiner familiären Umgebung niemand ein Ohr dafür hatte. Wilhelm Pinder, der gleichaltrige Freund aus der Kinder- und Jugendzeit, hat das in seinen frühreifen Aufzeichnungen über Nietzsche zumindest erahnt. Friedrichs Vater und Bruder sind früh gestorben, sagt er, und fährt fort: »So war der Grundzug seines Charakters eine gewisse Melancholie, die sich in seinem ganzen Wesen äußerte. Von frühester

Kindheit an liebte er die Einsamkeit und hing da seinen Gedanken nach, er mied gewissermaßen die Gesellschaft der Menschen und suchte die von der Natur mit erhabener Schönheit ausgestatteten Gegenden auf. Er hatte ein sehr frommes, inniges Gemüt und dachte schon als Kind über manche Dinge nach, mit denen andere Knaben seines Alters sich nicht beschäftigen.«[80]

Einmal hat der Vierzehnjährige das Ungeheure aufgeschrieben, das ihn seither verfolgte, und dann hat er es in Schweigen gehüllt, offenbar weil er spürte, daß die Anklage zu tief saß, als daß Worte gegen sie aufkämen. Schon dem Halbwüchsigen war zwar klar, daß ein Traum niemanden tötet, und ob sein Traum wirklich einen Todeswunsch gegen den Bruder enthielt, was bei einem Sechsjährigen, der mit geschwisterlicher Eifersucht umgehen lernen muß, etwas ganz Altersgemäßes gewesen wäre, ist gar nicht sicher. Und selbst wenn: Träume sind mehrfach codiert. Und der Herd dieses Traums brannte woanders. Kinder sind oft empfänglicher für atmosphärische Veränderungen als Erwachsene. Friedrich dürfte am Vortag des Traums Anzeichen kommender Krankheit am Brüderchen bemerkt haben. Joseph war irgendwie anders, wie auch damals der Vater irgendwie anders war, als

80 Janz I, 60

seine Gemütsveränderung begann. Diesen Eindruck nahm das Kind mit in den Schlaf, und dort rührte er in ihm einen unbewältigten Vorwurf auf: Mein Vater, warum hast du uns verlassen? Offenkundig hatte er den Tod des Vaters als tief kränkendes Verschwinden empfunden, was eine ganz kindgemäße Wahrnehmungsweise ist. Dann würde das Traumbild vom Vater, der dem Grab entsteigt, um den Bruder zu holen, etwa besagen: Erst kränkst du uns, indem du uns verläßt, und dann machst du auch noch deinen Jüngsten krank. So wäre der Traum viel mehr vom Wunsch beseelt, der Vater möge wiederkehren, als davon, das Brüderchen möge verschwinden. So oder so: Diesen Traum für den Tod seines Bruders verantwortlich zu machen, war absurd. Der Erwachsene wußte das und ist den Stachel, schuld daran zu sein, dennoch nicht losgeworden. So wurde ihm Schuld etwas ganz Furchtbares, was auf infame Weise niederdrückt, ohne daß man etwas dafür kann.

Schuldig werden, ohne etwas dafür zu können: das ist der paradoxe Sachverhalt, der im Christentum Erbsünde heißt. Adam und Eva hatten noch die Wahl. Hätten sie sich an Gottes Verbot gehalten und von dem Baum der Erkenntnis des Guten und Bösen nicht gegessen – alles wäre gut gewesen und der Garten Eden ihre ewige Wohnstätte geblieben. Mit ihrem Begehren nach der verbotenen Frucht verspielten sie jedoch das Paradies. Seither ist Feindschaft zwischen Mensch und Schlange. Frauen müssen unter Schmerzen gebären und der Ackerboden ist um der Menschen willen »verflucht«. Sie müssen sich »mit Kummer« von ihm ernähren und im Schweiße ihres Angesichts ihr Brot essen.[81] Erst jenseits von Eden hat das erste Menschenpaar seinen Nachwuchs in die Welt gesetzt – hinein in eine Umgebung von Entbehrung und Gewalt. Kein Neugeborenes will von Entbehrung und Gewalt befallen sein. Jedes will davon ausgenommen sein. Darin besteht sein Eigenwille, seine Eigensucht, aber gerade durch seine Eigensucht setzen sich Entbehrung und Gewalt fort. Das ist der Kerngedanke der Erbsündenlehre. Einerseits enthält sie eine tiefe Einsicht. Menschlicher Wille ist nicht einfach frei. Er artikuliert sich immer schon in einem Kraftfeld, aus dem er nicht per Entschluß ausscheren kann. Er befindet sich vorab auf einer schiefen Ebene und kommt gegen seine Neigung zur Eigensucht nicht auf. Die Eigensucht ist seine Wahl – und trotzdem unausweichlich. Andrerseits ist die Erbsündenlehre skandalös. Sie rechnet jedem Individuum als persönliche Schuld zu, was doch aufs Konto einer psychosomatischen Erbkrankheit der Spezies

81 Genesis 2–3

Mensch geht. Dagegen haben sich viele empört, am heftigsten der britische Mönch Pelagius. Erst sein Gegenspieler, der große Kirchenvater Augustinus, hat der Erbsündenlehre im fünften christlichen Jahrhundert zur Durchsetzung verholfen, und doch hat es immer wieder Pelagianer gegeben, die sich damit nicht abfinden wollten.

Nun ist es freilich ein Unterschied, ob man die Erbsündenlehre bloß als theologische Theorie kennenlernt, oder ob man von ihrem Skandal direkt und traumatisierend angefaßt wird. Letzteres ist dem fünfjährigen Nietzsche widerfahren. Er hatte sein Brüderchen totgeträumt, konnte nichts dafür und fühlte sich gleichwohl schuldig. Als Kind war er zu klein, zu schwach, zu wortlos, um dagegen aufzubegehren. Er wehrte sich gegen sein Schuldgefühl, wie sich eben Schwache wehren: durch Übererfüllung der an sie herangetragenen Erwartungen und Pflichten. Und was trug ihm das Andenken an den engelgleichen Vater auf? Dasselbe, was sich auch die Mutter mitsamt ihren Geschwistern, die allesamt Pastorenkinder und zum Teil selbst Pastoren waren, innig von ihm wünschten: daß er ein großer Theologe und Prediger würde. Und als hochbegabter, empfindsamer Liebling seiner Mutter und Musterschüler des Eliteinternats Schulpforta schritt er in hoffnungsvollster Weise auf dem ihm vorgezeichneten

Wege voran. Die Verwandten schluckten, die Mutter weinte, als er nach glanzvoll bestandenem Abitur alsbald von der Theologie zur Altphilologie wechselte, doch sein fulminanter Studienerfolg überblendete alle Enttäuschungen. 25jährig wurde Nietzsche ohne Studienabschluß, allein durch die Empfehlung seines Lehrers Friedrich Ritschl, Professor in Basel.

Gewissenhaft widmete er sich seinen Amtsverpflichtungen. Wieder war die Übererfüllung sein Kunstgriff. Wenn schon kein großer Theologe, so mußte er ein um so größerer Altphilologe werden. Er mußte mehr tun, als im Rahmen der Altphilologie vorgesehen war: diesen Rahmen sprengen; Vorträge und Vorlesungen halten, die den Horizont der staunend lauschenden Studenten übersteigen; einen Traktat über den Ursprung der Tragödie schreiben, der alle altphilologischen Grenzen übertritt und ausgerechnet auf Richard Wagner als den großen Wiederbeleber der tragischen Kunst Griechenlands hinausläuft. Er mußte sich altphilologisch unmöglich machen, um gewahr werden: Ich bin unmöglich ein Altphilologe. Aber diese Art der Übererfüllung lähmte ihn auch und brannte ihn aus. Im blühenden Alter von 33 Jahren war er nicht mehr in der Lage, sein Professorenamt zu versehen. Und erst als sein Burnout komplett war, war er mürbe genug, um sich einzugestehen: Durch Übererfüllung werde ich die drückende Kindesschuld nie los.

Erst damit war er aber auch reif genug, den direkten Kampf mit ihr aufzunehmen. Nicht als Privatkampf. Von seinem schrecklichen Kindheitstraum spricht er nie wieder. Statt dessen breitet er den Schleier der Verallgemeinerung darüber. Nur so gewinnt er die Distanz dazu, die er braucht, um ausdrücklich dagegen Front zu machen. Er thematisiert die Schuld, die ihn als wehrloses Kind mit niederziehender, krankmachender Gewalt überfallen hatte, nicht als *seine* Krankheit, sondern als eine, von der die ganze Menschheit befallen ist. Sie davon zu befreien: das dämmert Nietzsche nun als seine Lebensaufgabe. Die Menschheit von der Schuld erlösen: das ist es! Aber nicht, wie im Christentum, durch einen Schuldlosen, der die Schuld aller anderen auf sich nimmt und durch ein Opfer abbezahlt. Schuld gehört nicht abbezahlt; sie gehört ausgetrieben. Sie ist als die krankmachende fixe Idee zu erweisen, die sich die Menschheit einfach nur aus dem Kopf schlagen muß, um gesund zu werden. Schuld ist kein Faktum; sie ist eine Erfindung. Ihr auf die Schliche kommen und alle Schlupflöcher ihres unheilvollen Wirkens aufdecken: das ist die Detektivarbeit, zu der Nietzsche nunmehr alle Kräfte zusammennimmt.

In seiner *Genealogie der Moral* nähert er sich dem Phänomen der Schuld zunächst einmal sprachtheoretisch und verweist darauf, daß der »moralische Hauptbegriff ›Schuld‹ seine Herkunft aus dem sehr materiellen Begriff ›Schulden‹ genommen hat«.[82] »Es ist die längste Zeit der menschlichen Geschichte hindurch durchaus nicht gestraft worden, *weil* man den Übelanstifter für seine That verantwortlich machte,« sondern »so, wie jetzt noch Eltern ihre Kinder strafen, aus Zorn über einen erlittenen Schaden, der sich am Schädiger auslässt, – dieser Zorn aber in Schranken gehalten und modifizirt durch die Idee, dass jeder Schaden irgend worin sein *Äquivalent* habe und wirklich abgezahlt werden könne, sei es selbst durch einen *Schmerz* des Schädigers«. Die »Äquivalenz von Schaden und Schmerz« wurzelt »in dem Vertragsverhältnis zwischen *Gläubiger* und *Schuldner*«[83], welches für Nietzsche geradezu das menschliche Urverhältnis ist. »Preise machen, Werthe abmessen, Äquivalente ausdenken, tauschen – das hat in einem solchen Maasse das allererste Denken des Menschen präoccupirt, dass es in einem gewissen Sinne *das* Denken ist:

82 GM 297
83 GM 298

hier ist die älteste Art Scharfsinn herangezüchtet worden«.[84]

Daß Scharfsinn, wie alle elementaren Kulturleistungen, nicht aus Jux, sondern aus Not entstanden ist, gehört zu Nietzsches tiefsten Einsichten. Nur: worin bestand diese Not? Nietzsche reimt sich das so zusammen: Vor langer Zeit, als unsere Vorfahren noch »der Wildnis, dem Kriege, dem Herumschweifen, dem Abenteuer glücklich angepasste Halbthiere«[85] waren, ist eine derart grundlegende Änderung ihrer Umweltbedingungen eingetreten, daß ihre herkömmlichen tierischen Instinkte weitgehend gegenstandslos wurden. Sie hörten auf, »die regulirenden unbewusst-sicherführenden Triebe« zu sein, die sie seit Jahrtausenden gewesen waren, aber sie hörten nicht auf, Triebe zu sein. Sie »mussten sich neue und gleichsam unterirdische Befriedigungen suchen. Alle Instinkte, welche sich nicht nach Aussen entladen, *wenden sich nach Innen* – dies ist das, was ich die *Verinnerlichung* des Menschen nenne: damit wächst erst das an den Menschen heran, was man später seine ›Seele‹ nennt.«[86] Mit anderen Worten: Die menschliche Seele ist das Produkt einer Hemmung. Sie kam

84 GM 306
85 GM 322
86 GM 322

so zustande, »dass alle jene Instinkte des wilden freien schweifenden Menschen sich rückwärts, sich gegen den Menschen selbst wandten.«[87] Einst hatten sie das Menschentier befähigt, siegreich seine Umgebung anzugreifen. Nun griffen sie das Menschentier selbst an. Sie machten ihm ein Gewissen – ein schlechtes Gewissen. Gewissen ist immer schlecht. Es besteht in der Grausamkeit gegen sich selbst, in der Selbstanklage, die da sagt: Du bist schuld.

Dieser bahnbrechenden, so beneidenswert plastisch dargestellten Umwendung fehlt nur eines: ein plausibles Motiv. Nietzsche verrät nicht, welche dramatische Änderung der Umweltbedingungen es denn war, die den jahrtausendealten Instinkthaushalt einer ganzen Spezies völlig umgekrempelt haben soll. Mehr als eine nicht näher erklärte »Erkrankung«, die angeblich »aus Mangel an äusseren Feinden und Widerständen«[88] herrührt, führt er nicht an. Sein Argument geht so: Weil der Tierspezies Mensch die äußeren Feinde abhanden kamen, sie aber ohne Feinde nicht sein kann, hat sie sich einen inneren Feind erzeugt: das sie anklagende schlechte Gewissen, welches sie listig, scharfsinnig, klug machte. Doch das ist eine

87 GM 322 f.
88 GM 323

Verwechslung von Ursache und Wirkung. Erst klug gewordene Menschentiere, die Waffen, Zähmungstechniken und Tauschpraktiken entwickelt hatten, waren in der Lage, stärkere Tiere, Erdbeben, Unwetter so weit zurückzudrängen, daß davon keine unmittelbare alltägliche Bedrohung mehr ausging.

Ursprünglich ist es gerade umgekehrt gewesen: Die Menschentiere waren die Tiere mit dem verhältnismäßig größten Gehirn, die am meisten von Nerven durchzogenen, die schmerzanfälligsten, die den Naturschrecken am wenigsten aushielten. Sie handelten aus Notwehr, als sie darauf verfielen, den traumatischen Schrecken zu mildern, indem sie ihn wiederholten, indem sie in Schüben so über einzelne Stammesgenossen herfielen, wie zuvor stärkere Naturgewalten über den ganzen Stamm hergefallen waren. Diese Wiederholung war eine Umkehrung der Fluchtrichtung: statt weg vom Schrecken zu ihm hin. Der in Eigenregie wiederholte Schrecken fühlte sich schon weniger schrecklich an als der ursprüngliche, der jäh hereingebrochen war. Der Wiederholungsreflex machte das Unerträgliche erträglicher, das Unfaßbare faßbarer. Dennoch – auch der wiederholte, selbst veranstaltete Schrecken blieb schrecklich. Und da gelang es den Tieren mit dem großen Gehirn, ihrem Wiederholungskunstgriff einen

Überbau zu geben. Sie begannen, die zwanghafte Schreckwiederholung auszulegen: als etwas, was die schreckliche Naturgewalt von ihnen verlangt – was sie ihr schulden. Damit kam die Schuld in die Welt: indem die schreckliche, zwanghafte, reflexhafte Wiederholung das Ansehen einer Tributleistung an eine höhere Macht gewann und dadurch einen höheren Adressaten, ein Ziel, ein Wozu bekam. Aus einem bloßen Reflex wurde eine sinnvolle Handlung: die Opferhandlung. Die Erfindung des Opfers war die Sinnstiftung *par excellence*, und was Sinn hat, ist ungleich leichter zu ertragen als sinnlose Naturreflexe und -prozesse.

Gerade bei der Entstehung der Schuld ist Nietzsche vom Kopf auf die Füße zu stellen. Nicht weil den feindseligen Menschentieren der äußere Feind abhanden kam, machten sie sich einen inneren Feind; sondern weil die äußeren Feinde unerträglich waren, erfanden sie einen inneren Freund. Schuld hat als innere Schutzmaßnahme gegen den Schrecken begonnen, ehe sie sich, unter Hochkulturbedingungen, in eine Manövriermasse von Herrschaftstechniken wandelte, die durch gezielte Verstärkung von Schuldgefühlen soziale Abhängigkeiten, Nichtigkeitsgefühle und Angst vor ewiger Verdammnis erzeugten. Nietzsches Schuldherleitung besticht zwar durch enormes Tiefengespür für archaische Umwendungsprozesse, kümmert sich aber weder um altsteinzeitliche Realgeschichte noch um die konstitutive Rolle des Opfers für die Menschwerdung. Bei Lichte besehen bietet sie kaum mehr als eine verkappte Verallgemeinerung persönlichster Erfahrungen. *Sich* empfand Nietzsche als zutiefst krank gemacht durch sein eigenes Schuldgefühl. Deshalb sein Glaube, die Menschentiere seien vor dem Ausbruch der Schuld rundum gesund gewesen, eine königliche Tierart, strotzend vor »Kraft, Lust und Furchtbarkeit«[89], und zwar furchtbar *für andere*, nicht etwa selbst furchtbar gebeutelt.

Und deshalb imaginiert er den Menschheitszustand nach Überwindung der Schuld als eine Art höherer Gesundheit, zu der nicht nur unerschöpfliche psychophysische Stärke gehört, sondern vor allem die Fähigkeit, ohne Skrupel zu leben. Die blonden Bestien, die Wikinger, der verschlagene Cesare Borgia, der eroberungssüchtige Napoleon, der generöse Goethe, der monumentale Wagner: sie alle scheinen ihm, wenn auch in ganz unterschiedlichen Dosen, diese Fähigkeit gehabt zu haben. Er sieht in ihnen Kometen der Gesundheit, die vereinzelt aus einer kranken Kultur aufstiegen, Vorboten jener höheren Skrupellosigkeit,

89 GM 323

als deren vollkommenstes Exemplar ihm seine Phantasiegestalt Zarathustra vorschwebt. Zarathustra ist ein hochsubtiles Gespinst; in den blonden Bestien oder dem fiesen Borgia hat es widerwärtig brutale Verwandte. Nietzsches Feingefühl für Schuldverhältnisse und seine bisweilen haarsträubend grobe Verklärung der Skrupellosigkeit bedingen einander. Gemeinsam decken sie den Naturschrecken zu.

Der Schrecken schlechthin ist für Nietzsche die Schuld, weil er sie als Kind als das Schrecklichste erlebt hat. Höchstes Ziel ist ihm daher ein schuldfreies Leben. Als verschwände der Schrecken von selbst, wenn Menschen keine Schuld(en) mehr zu begleichen hätten und nicht mehr von Gewissensbissen und Skrupeln geplagt wären. Dabei liefe ungehemmte Skrupellosigkeit geradewegs auf die entfesselte Wiederkehr des Naturschreckens hinaus. Den aber vermochte Nietzsche nur in wildromantisch verklärter Form wahrzunehmen: als den Schrecken, den eine königliche Tierart ausstrahlte, ehe sie von der Schuld befallen wurde, sowie als die Souveränität jener raren »vornehmen« Wesen, denen es geglückt ist, sich erneut über alle Schuld hinauszuschwingen. Ein solches Wesen zu sein – erhaben, unberechenbar, großzügig und niemandem etwas schuldig: danach sehnte sich Nietzsche am stärksten in seinen schwächsten Stunden. »Unschuld des Werdens«[90] ist seine Formel für diesen höheren Zustand. Sie steht für ein grundloses, zweckloses, keiner Rechtfertigung bedürftiges, sich selbst ungebrochen bejahendes Dasein.

Doch diese Formel hat nicht nur eine Bedeutung, sondern auch einen Klang, und wer auf den hört, wird bemerken: Er ist ja gar nicht königlich-schrecklich, sondern eher kindlich-zart. Ist doch das Werden dort am Sinnfälligsten, wo das Leben gerade erst angefangen hat, wo Kleinkindern das droht, was Nietzsche so zugesetzt hat: daß sie von einer Schuld befallen werden, von der sie sich ihr Lebtag nicht wieder erholen. Wenn Nietzsche »Unschuld des Werdens« sagt, dann ist das auch eine Formel für Kinderschutz. Es vibriert darin ein tiefer Wunsch: noch einmal zurück nach Röcken, in die Zeit, bevor ihn die Schuld befiel, in die Zeit, als der engelgleiche Vater und der Kirchenglockenklang einfach bloß *da* waren, ohne irgendetwas Höheres zu bedeuten. Ja, er sehnte sich zurück nach Röcken – in ein verwandeltes Röcken, genauso wie er sich die Menschheit nach der Schuld genauso vorstellte wie vor der Schuld – nur in verwandelter, mit allen kulturellen Feinheiten angereicherter Form.

90 GD 97

Nietzsches sterbliche Überreste kamen tatsächlich zurück nach Röcken, aber in ein weitgehend unverwandeltes. Dort begraben zu werden, war nicht sein Wunsch. Er hatte in seinen letzten zurechnungsfähigen Tagen den *Antichrist* verfaßt: einen ungeheuren *Fluch auf das Christentum*. Nun aber lag sein Sarg an der Mauer seiner Taufkirche – auf Initiative seiner Schwester. Diese Zurückführung an den Geburtsort und ins Familiengrab diente dem Zweck, den Elisabeth Förster-Nietzsche stets verfolgte, wenn es um das Werk ihres Bruders ging. Sie wollte es groß herausbringen, das heißt sozial verträglich, »anschlußfähig« machen – und sich in seinem Glanz sonnen. Dafür scheute sie keine Intrigen, Textfälschungen und Symbolhandlungen. Und doch bewies sie bei der Beisetzung ihres Bruders in Röcken auch etwas, was dieser »Instinktklugheit« genannt hätte. Sie war ja weder dumm noch völlig ohne Empathie für ihn. Wenn jemand etwas von seiner Sehnsucht nach Röcken wissen konnte, dann sie, die einzig noch vorhandene Zeugin seiner frühen Kindheit.

Was sie nicht absah, war, unter welche Spannung das Röckener Kirchenareal durch Nietzsches Beisetzung geraten würde. Freilich muß man von Nietzsche einiges wissen, um diese Spannung zu verspüren. Andernfalls liegt da einfach nur ein Grabstein mehr an der Kirchenmauer. Ermißt man aber die Radikalität von Nietzsches Moral- und Religionskritik, und die Erschütterung, die sie in Europa und weit darüber hinaus ausgelöst hat, dann ergibt sein Grab an der Mauer seiner kleinen Taufkirche genau das, was Walter Benjamin ein »Denkbild«[91] genannt hat: ein sinnliches Stenogramm einer verwickelten Konfliktsituation, das eine schlagende Evidenz ausstrahlt. Es macht beides anschaulich: zum einen, daß Nietzsche von der Schuldkultur des lutherischen Pfarrhauses, die ihm seinen ahnungsvollen kindlichen Traum so schrecklich machte, sein Lebtag nicht losgekommen ist; zum andern aber sein Hinauswachsen über dies Pfarrhaus bis zum äußersten Gegensatz. Die beiden Gegensätze berühren einander; sie sind einander so nah wie sein Grab und die Kirchenmauer, ohne irgend ihre Gegensätzlichkeit zu verlieren. Beide sind ungetrennt und unversöhnt.

Deshalb ist das Röckener Kirchenareal ein anderes, seit Nietzsches Grab hier ist. Zwar sieht die Anlage von Kirche, Pfarrhaus, Garten und Umgebung fast noch so aus wie damals. Und nach wie vor feiern Lutheraner hier Gottesdienst. Andrerseits kreuzen hier Besucher aus aller Welt auf, die

91 Walter Benjamin, *Denkbilder*, Gesammelte Schriften (ed. Tiedemann/Schweppenhäuser), Band IV.1, Suhrkamp, Frankfurt am Main 1972, S. 305 ff.

nur Nietzsches wegen kommen und Kirchen allenfalls zur Besichtigung betreten. Manche von ihnen verhalten sich draußen am Grab ähnlich andächtig wie die Gemeinde drinnen beim Gottesdienst. Dann erlahmt die Spannung des Denkbilds. Solch fromme Atheisten, die nicht minder kultbeflissen sind als fromme Christen, hatte Nietzsche im Sinn, als er sich davor fürchtete, ein Heiliger zu werden. Zumeist aber hält die Verschiedenartigkeit der Besucher, die einander auf dem Kirchenareal begegnen, die Spannung des Denkbilds aufrecht. Erst dies Areal als Ganzes, zu dem seit einiger Zeit auch eine kleine Gedenkstätte gehört, macht das Denkbild aus. Es ist im besten Sinne des Wortes ein Denkmal: ein Mal, das zu denken gibt – und zwar nicht irgendetwas, sondern einen der explosivsten Konfliktstoffe unserer Epoche.

Das heißt aber auch: Jedes weitere Denkmal ist auf diesem Gelände überflüssig, insbesondere jenes Machwerk aus weiß lackierter Bronze, das gerade noch davon abgehalten werden konnte, direkt neben Nietzsches Grab zu stehen und sich nun auf der anderen Seite der Kirche befindet. Es ist ein Auftragswerk der evangelisch-lutherischen Kirche und demonstriert, wie man sich ungestraft an einem wehrlos Gewordenen vergreifen kann. Was physiologisch geschah, als Nietzsche wahnsinnig wurde, ist nach wie vor nicht ganz geklärt.

Was mental geschah, läßt sich hingegen beschreiben. Er, der nur solange denkmächtig war, wie es ihm gelang, sich die Reize seiner Umgebung, für die er überempfänglich war, zugleich denkend vom Leibe zu halten; er, der gewissermaßen aus Notwehr das »Pathos der Distanz« zu seinem Lebensmotto gemacht hatte – er verlor jegliche Distanz. Er begann, sich selbst für die Figuren zu halten, denen er sich nahe fühlte, und unterschrieb Briefe mit »Caesar«, »Dionysos«, »Der Gekreuzigte«. Die zerstörerische Umwendung ins Gegenteil heißt in der griechischen Tragödie »Katastrophe«. Nietzsches Wahnsinnig-Werden hat genau diese katastrophische Verlaufsform. Man übertreibt nicht, wenn man es in ganz wörtlichem Sinne »tragisch« nennt.

Sein Distanzverlust macht nachträglich übrigens auch verständlich, warum er in den Jahren zuvor so allergisch gegen das Mitleid gewesen war. Er fürchtete, vor Mitleid zu zerfließen – im Mitleid nicht mehr er selbst zu sein. Im Wahn war er dann tatsächlich nicht mehr er selbst. Er las in Turin vom Tod eines gewissen Conte Robilant, eines Sprosses des Königs Carlo Alberto – und *war* daraufhin dieser Conte und zugleich bei dessen Begräbnis. Genauso war er der Architekt Antonelli, als er von dessen Tod erfuhr – und bei dessen Begräbnis. In jenem berühmten Brief an Jacob Burckhardt, der dazu führte, daß Overbeck nach Turin reiste, um Nietzsche nach Basel zu transportieren, verdichtete sich dieser Wahn zu dem Satz: »In diesem Herbst war ich, so gering gekleidet als möglich, zweimal bei meinem Begräbnisse zugegen, zuerst als Conte Robilant (– nein, das ist mein Sohn, insofern ich Carlo Alberto bin).«[92]

Auf einen Teil dieses Satzes hat der Hersteller des besagten Bronzemachwerks sein Nietzsche-Bild reduziert. Er übersetzt »so gering gekleidet als möglich« mit »nahezu nackt«, damit er neben seine plumpe Nachbildung von Nietzsches Grabplatte zwei nackte Nietzsches stellen kann. Als weiteres Dokument der Wahnsinnszeit zieht er das berühmte Foto hinzu, auf dem Nietzsche am Arm seiner Mutter vor sich hin stiert. Die schülerhafte Nachbildung dieses Fotos ist die dritte Figur, die er an der Grabplatte postiert. Sein besonderes Vergnügen aber zieht er daraus, daß er den Hut, den Nietzsche auf dem Foto in Oberschenkelhöhe in der Hand hält – eine Melone – auch zum einzigen Kleidungsstück der beiden Nackten macht. Sie bekommen beide eine Melone aufs Geschlecht gestülpt, womit sich die ganze Konstellation auf das Niveau jener Herrenwitze begibt, die über Melone und Männlichkeit

92 NBr 8, Nr. 1256, S. 578 f.

kursieren und drittklassige Unterhaltungsfilme würzen.

Es gibt Dokumente des Verfalls, über die Witze zu machen genauso eklig ist wie das Besprühen von Grabsteinen mit Graffiti. Nur daß bei Grabsteinen der Tatbestand der Schändung meist offen zutage liegt, während bei diffizileren Denkmälern die Schändung ungeübten Augen als Zierde verkauft werden kann. Hier bot Röcken einer Superintendentin eine einmalige Gelegenheit. Hier konnte der Herrenwitz über einen Zusammengebrochenen mit dem Gestus der Empathie daherkommen, das genüßliche Ausschlachten seiner Wehrlosigkeit mit dem Label »moderne Kunst«, die Häme über sein Ende im Wahnsinn als Auseinandersetzung mit seinem Werk – ohne daß juristische Konsequenzen zu befürchten waren. Man konnte sein Mütchen an Nietzsche kühlen und sich dabei als offene Kirche brüsten – offen für moderne Kunst, offen für den großen Sohn des kleinen Ortes. Nirgends ist Priesterheuchelei anschaulicher geworden als an Nietzsches Grabstätte. Auch in dieser Hinsicht zeigt Röcken die fortdauernde Aktualität seines Denkens.

Zum Glück kommt das Schandmal einstweilen gegen das Denkmal nicht auf. Und das Denkmal zu erhalten ist nicht nur eine Sache der Restauration und Landschaftspflege. Es ist vornehmlich eine geistige Aufgabe. Die Spannung, die im berührenden Nebeneinander von Nietzsches Grabplatte und Kirchenmauer sinnfällig geworden ist, hat ja längst globale Ausmaße angenommen. Aufklärung und Fundamentalismus, Demokratie und Gewaltherrschaft, High Tech und Scharia sind äußerste Gegensätze. Aber gerade weil sie einander zugleich berühren oder sich gar wechselseitig durchdringen, sorgen sie für so ungeheure Konvulsionen wie die weltweite Flucht- und Migrationsbewegung, von der niemand weiß, wie sie zu bewältigen ist. Insofern ist es kein schlechter Brauch, sich einmal jährlich im stillen kleinen Röcken zu treffen, um am dortigen Denkmal ein wenig Kraft zu schöpfen für Aufgaben, die uns allen über den Kopf wachsen und dennoch in Angriff zu nehmen sind.

# Verzeichnis der Abkürzungen

Friedrich Nietzsche, Kritische Studienausgabe in 15 Bänden, herausgegeben von Giorgio Colli und Mazzino Montinari, Deutscher Taschenbuch Verlag / de Gruyter, München, Berlin / New York 1988

| | |
|---|---|
| MAM I | Menschliches, Allzumenschliches, Erster Teil, 1878 / 1886 (Band 2) |
| FW | Die fröhliche Wissenschaft, 1882 / 1887 (Band 3) |
| ZA | Also sprach Zarathustra, 1883–1885 (Band 4) |
| JGB | Jenseits von Gut und Böse, 1886 (Band 5) |
| GM | Zur Genealogie der Moral, 1887 (Band 5) |
| GD | Götzen-Dämmerung, 1889 (Band 6) |
| AC | Der Antichrist, 1889 (Band 6) |
| EH | Ecce Homo, 1889 (Band 6) |
| NW | Nietzsche contra Wagner, 1889 (Band 6) |
| NF | Nachgelassene Fragmente 1887–1889 (Band 13) |

Weitere Abkürzungen:

| | |
|---|---|
| KGA | Friedrich Nietzsche, Werke, Kritische Gesamtausgabe, begründet von Giorgio Colli und Mazzino Montinari, de Gruyter, Berlin / New York 1995 ff. |

| | |
|---|---|
| NBr | Friedrich Nietzsche, Sämtliche Briefe in 8 Bänden, herausgegeben von Giorgio Colli und Mazzino Montinari, Deutscher Taschenbuch Verlag / de Gruyter, München, Berlin / New York 1986 |
| Janz | Curt Paul Janz, Friedrich Nietzsche. Biographie, 3 Bände, Deutscher Taschenbuch Verlag, München 1981 |


Der Beitrag *Nietzsches amor fati. Eine Subversion erschien* zuerst in *Nietzsche als Kritiker und Denker der Transformation*, herausgegeben von Heit, Helmut/Thorgeirsdottir, Sigridur, de Gruyter, Berlin 2016, S. 155–164. Abdruck mit freundlicher Genehmigung von de Gruyter Verlag, Berlin.

Christoph Türcke, Jahrgang 1948, ist emeritierter Professor für Philosophie an der Hochschule für Grafik und Buchkunst in Leipzig, Autor zahlreicher Bücher (u. a. »Philosophie des Traums« [2008] und »Mehr! Philosophie des Geldes« [2015]) und erster Preisträger des Sigmund-Freud-Kulturpreises (2009). Bei zu Klampen erschien von ihm zuletzt »Luther – Steckbrief eines Überzeugungstäters« (2016).

zu Klampen Verlag GbR
Röse 21
31832 Springe

Bei Fragen zur EU-Sicherheitsverordnung GPSR wenden
Sie sich bitte an info@zuklampen.de.